Schweine Rhetorik ^{2100}

Das Schwein in der zwischenmenschlichen Kommunikation

Horst Hanisch

© Erste Auflage: 2025 by Horst Hanisch

Bibliografische Information der Deutschen Nationalbibliothek: Die Deutsche Nationalbibliothek verzeichnet diese Publikation in der Deutschen Nationalbibliografie; detaillierte bibliografische Daten sind im Internet über dnb.dnb.de abrufbar.

Der Text dieses Buches entspricht der neuen deutschen Rechtschreibung.

Idee und Entwurf: Horst Hanisch, Bonn

Lektorat: Annelie Möskes, Bornheim

Buchsatz: Guido Lokietek, Aachen; Horst Hanisch, Bonn

Umschlag: Christian Spatz, engine-productions, Köln; Horst Hanisch, Bonn

Zeichnungen: Horst Hanisch, Bonn

Verlag: BoD · Books on Demand GmbH, Überseering 33, 22297 Hamburg, bod@bod.de

Druck: Libri Plureos GmbH, Friedensallee 273, 22763 Hamburg

ISBN: 978-3-7693-5471-3

Schweine Rhetorik [2100]

Das Schwein in der zwischenmenschlichen Kommunikation

Horst Hanisch

Inhaltsverzeichnis

5

7

8

Inhaltsverzeichnis

9

10

Prolog

11

Prolog – Zum Einstieg

Langjähriger Begleiter des Menschen

„Das Schwein und der Künstler werden erst nach ihrem Tode geschätzt."
Johann Baptist Joseph Maximilian Reger, dt. Komponist
(1873 - 1916)

„Ich glaub, mein Schwein pfeift."

Liebe Leserin, lieber Leser, herzlich willkommen beim Thema rund um das Schwein und bei der Familie Schwein.

Vom Wildschwein zum zahmen Hauschwein

Das Hausschwein (sus scrota domesticus) wurde vor etwa 9.000 bis 10.500 Jahren domestiziert (an das Leben durch den Menschen angepasst).

Sein Vorfahre ist das Wildschwein (sus scrota), welches schon seit Ewigkeiten die Erde bewohnt.

Beim Wildschwein wird vom Keiler, der Bache und dem Frischling gesprochen. Sie leben zusammen in einer Rotte beziehungsweise in einem Rudel.

Wohlstand für den Schweinebesitzer

Der mittelalterliche Bauer, der sich glücklich schätzen konnte, ein Schwein zu besitzen, hatte viel Arbeit und Kosten (zum Beispiel für Futter) für die Schweineaufzucht. Aber er gewann auch Nahrung, wie zum Beispiel Schinken, Schweinebraten und Leberwurst.

13

Später kamen dazu der Leberkäse (1776), dass Schweineschnitzel (1798) und die Currywurst (1949).

Bratwürste, Salami und Sülze, sowie viele andere Produkte mehr ergänzen heutzutage das Angebot.

Aus der Schweinehaut konnte vielfältig gebrauchtes Leder gegerbt werden.

Der Bauer mit Schwein konnte also glücklich sein.

Der Nachbar sagte bewundernd, vielleicht auch etwas neidisch:

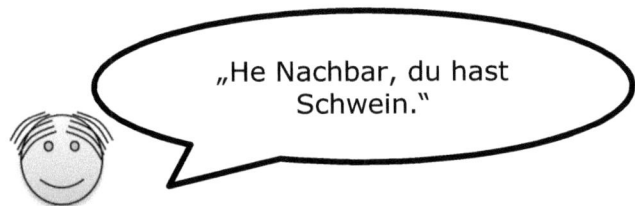

„He Nachbar, du hast Schwein."

Frei übersetzt: Du hast ein Schwein, also bist du wohlhabend und demnach glücklich. Du Glücklicher.

Oder:

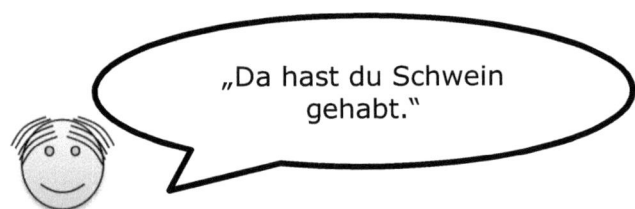

„Da hast du Schwein gehabt."

Im Sinne von: Du hast Glück gehabt.

Der glückliche Bauer hatte sozusagen ein Glücksschwein, auf das er stolz sein konnte.

Das kleine Marzipanschweinchen an Silvester erinnert noch heute an die damalige Situation.

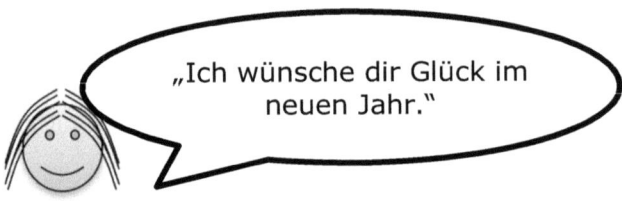

„Ich wünsche dir Glück im neuen Jahr."

Mit dem Wunsch wird das Glücksschwein überreicht. Es soll für ein glückliches neues Jahr sorgen.

Nur wenig steht auf der Positiv-Seite des Schweins: Glück, Wohlstand und Stärke. In vielen Kulturen gelten Schweine als gern gesehener Opfergaben und werden als Glücksbringer und Wohltäter angesehen.

Schlechter Ruf

Bedauerlicherweise genießt das Schwein trotz seiner glücksbringenden Eigenschaft in der zwischenmenschlichen Kommunikation überwiegend einen ziemlich schlechten Ruf.

So steht das Schwein für Niederträchtigkeit, Triebhaftigkeit, teilweise für Bestialität, für Gefräßigkeit und Naivität. Alles nicht sehr schmeichelhaft.

15

Ob es daher kommt, weil das Schwein bekanntlich in einem Koben/Schweinestall lebt? Oder ist der Grund, dass viele das Schwein gedanklich im Matsch suhlen sehen?

Allerlei Redensarten verunglimpfen regelrecht das bedauernswerte Schwein. Es gibt beispielsweise den Schweinehund, die Pistensau, den Saustall und den Schweineigel.

Ungerecht? Dabei gehört das Schwein zu den intelligenteren Tieren, die untereinander gewisse soziale Komponenten zeigen und als wertvolle Rohstofflieferanten wohl nicht unterschätzt werden sollten.

Schweinische Redensarten

Auf den kommenden Seiten soll beispielhaft gezeigt werden, in wie vielen Redensarten oder Dialogen nach wie vor der Bezug oder der Vergleich zum Schwein besteht.

Es gibt manchmal feine rhetorische Unterschiede wie:

- Es sieht aus wie eine Sau.

oder

- Es sieht aus wie Sau.

Oben: Das Beschriebene gleicht vom Aussehen einem Schwein.

Unten: Die beschriebene Situation wirkt schmutzig/chaotisch.

Liebe Leserin, lieber Leser, lassen sich auf eine Reise durch die kommunikative Welt mit offenen oder versteckten Hinweisen zu gewissen rhetorischen Schweinereien ein.

Schweine quieken, bellen und grunzen – pfeifen können sie allerdings nicht. Behauptet jemand, sein Schwein pfeife, dann will er seine Verwunderung oder Überraschung ausdrücken.

Offensichtlich ist etwas geschehen, was nicht in seine Vorstellung passt. Nun gut, dann soll das Schwein mal pfeifen. Was wohl der Grund ist?

Bei allen Überlegungen soll nicht vergessen werden, dass das Schwein immerhin zu 98% gleiche Gene wie der Mensch besitzt. Schwein und Mensch sind sich wohl näher, als allgemein angenommen wird.

In acht Kapiteln – hier Teile – wird auf das umfangreiche Thema eingegangen:

Teil 1: Das wertgeschätzte Schwein

Teil 2: Das intelligente Schwein

Teil 3: Das gewinnbringende Schwein

Teil 4: Das verunglimpfte Schwein

Teil 5: Das schmuddelige Schwein

Teil 6: Das glückbringende Schwein

Teil 7: Das unglückbringende Schwein

Teil 8: Das medienpräsente Schwein

Liebe Leserin, lieber Leser, ich wünsche viel Vergnügen beim Ergänzen Ihres bestehenden Wissens rund um das Thema Schwein.

Horst Hanisch

18

🐷 Teil 1 – Das wertgeschätzte Schwein

19

Respekt dem Schwein gegenüber

Wertvolle Nutznießung

*„Wo dieses Freyheit ist: frey thun nach aller Lust,
so sind ein freyes Volck die Säu in ihrem Wust.“*
**Friedrich von Logau (Salomon von Golaw), dt. Dichter
(1605 - 1655)**

„Mit dem Schwein Glück gehabt."

In der zwischenmenschlichen Kommunikation taucht das Schwein überraschend häufig auf. Sei es als Kosename, als Metapher für eine menschliche Situation, als Verstärkung eines Wortes oder gar als Beleidigung und Diskriminierung. Neben dem Schwein lassen sich auch andere Tiere in der zwischenmenschlichen Kommunikation finden wie: Hasenfuß, Affenschande, Krokodilsträne oder Mondkalb. Das Schwein allerdings führt die Rangliste der rhetorischen Tierbeteiligungen mit weitem Abstand an.

Werden alle Wörter angeschaut, die mit ‚Schwein‘ oder mit ‚Sau‘ beginnen, ist festzustellen, dass die meisten Begriffe eine negative Konnotation (Nebenbedeutung) haben. Zum Beispiel das Kollegenschwein oder saudumm sein.

Das Schwein hat sich über die Jahre erfolgreich in die menschliche Kommunikation geschummelt und breitgemacht. In vielen rhetorischen Redearten taucht das Schwein auf.

Die vielseitige Rhetorik unter Mithilfe des Schweins

Der Fachbegriff für Redekunst ist die Rhetorik. Das Wort ‚rhetorike‘ kommt aus der altgriechischen Sprache und bedeutet so viel wie ‚die Kunst der Rede‘. Der geschickte Einsatz verschiedener Wörter ist fast als kunstvoll zu betrachten.

Drückt das gewählte Wort in eine positive oder in eine negative Stimmungslage? Ist es zweideutig gemeint? Oder ist es gar als versteckte Beleidigung zu verstehen? Die Rhetorik bietet zahlreiche Varianten.

Den Vorgesetzten in dessen Beisein als Schwein zu bezeichnen, dürfte mehr als unklug sein. Wer abends in der Kneipe seinen Chef derartig benennt, wird hingegen vielleicht sogar bestaunt, verständnisvoll oder wohlwollend betrachtet. Ihm wird gegebenenfalls zustimmend zunickt.

Redekunst, nun, die meisten Menschen können reden. Wo ist die Kunst versteckt? Die Frage ist, welche Wörter sie in welcher Situation einsetzen, um dem Gesagten eine gewisse ‚Würze‘ oder Bedeutung zu verleihen.

Beispielsweise kann das arme Schwein pleite sein. Auch denkbar, dass es gerade den Wettkampf verloren hat und ohne Auszeichnung den Veranstaltungsort verlassen musste. Dieselben Wörter, aber eine unterschiedliche Bedeutung.

Das Schwein sorgt für ein Zuhause

Zahlreiche Städte und Orte im deutschsprachigen Raum beginnen mit ‚Schwein‘. Zum Beispiel Schweinfurt, Schweinsberg, Schweinhausen und andere.

In Schweinsberg gibt es eine Burg Schweinsberg, erbaut etwa 1230/31. Das Adelsgeschlecht von Schweinsberg lebte dort über Generationen erfolgreich.

Auch der Eber wird benannt: Ebersberg, Ebersdorf, Eberstadt, sowie der Name Eberhardt.

In der Heraldik (Wappenwesen) tauchen das Schwein und der Eber auf.

Eichelmast

Bei vielen Städtenamen ist unbekannt, weshalb sie ‚Schwein‘ im Namen tragen. Anders sieht es aus bei einem Stadtteil namens Schweinheim in Bonn Bad Godesberg aus. Dort ist die Herkunft bekannt.

Früher gab es in Schweinheim eine sogenannte Eichelmast (auch Eckerich). Hausschweine wurden in den Wald getrieben, um sich dort an Eicheln, Bucheckern und Kastanien sattfressen zu können. Auf diese Weise wurden sie schnell und erfolgreich gemästet.

Der Name der Stadt Schweinfurt lässt zumindest vermuten, dass es ein Furth, eine Furt, einen Flussübergang für Schweine gab.

In den Stadtannalen gibt es den Hinweis aus dem Jahr 720 zur Stadtbenennung ‚Suinuurde‘, im Jahr 1230 ‚Swinfurth‘.

Im Althochdeutschen heißt ‚swin‘ ‚Schwein‘ und ‚su‘ so viel wie ‚Sau‘. Abgeleitet aus dem lateinischen ‚sus‘.

Im bergigen Gelände finden sich als Beispiel der Schweinekopf, oder der Schweinbarther Berg.

Der Schweinekopf bezieht sich nicht auf ein Schwein, sondern auf den veralteten Begriff ‚schweinen‘. Dieser wurde gleichgesetzt mit ‚roden‘. Auf dem Schweinekopf wurde wahrscheinlich Wald gerodet.

In Österreich erreicht der Wanderer die ‚Schwarze Sau‘ (Pöllauer Sattel), einen Passübergang.

23

Tierische Heizung

In früheren Zeiten lebten die Haustiere und die Menschen räumlich viel näher zusammen als heutzutage angenommen. Und auch schwer vorstellbar ist es, unter welchen Konditionen die einfachen Leute leben mussten.

Teilweise existierten das Tier und der Mensch zusammen in derselben Behausung. Das geschah einmal aus Platzgründen, andererseits war das Tier der ideale Wärmespender.

So nebenbei konnte das Vieh überwacht und bei Diebstahlversuchen eingegriffen werden.

Heutzutage leben viele Menschen auch eng mit Tieren zusammen, aber das sind Haustiere wie Hund und Katze und nicht etwa Nutztiere.

Eine gewisse Vertraulichkeit zu Haustieren scheint wohl generell gegeben zu sein.

Ob sich viele Schimpfwörter deshalb auf Tiere beziehen, weil Mensch und Tier so dicht zusammenlebten? Darauf wird in Teil 4 eingegangen. Oder vielleicht deswegen, weil es leichter ist, jemanden einen Esel zu nennen, als sich mit ihm konstruktiv auseinander setzen zu müssen?

Schweini

Ein Blick auf Nachnamen im hiesigen Sprachgebrauch findet auch einige Beispiele.

Das Schwein macht auch vor Nachnamen keinen Halt. Bekannt sind die Nachnamen Schweinen, Schweinberg, Schweinnitz, Schwyn, Schweinesbein, Schweinberger, Schweinefuß und Schweinsteiger.

Schweinsteiger beinhaltet den Wortteil ‚Steig‘, der von ‚stige‘ kommt und ‚Stall‘ bedeutete. Der ursprüngliche Namensträger hat demnach in der Nähe von oder in einem Schweinestall gelebt.

Der deutsche Fußballspieler Bastian Schweinsteiger (*1984) trägt den Kosenamen ‚Schweini‘.

„Kein Schwein? – Schweinische Nicht-Tiere."

In der Tierwelt findet sich das eine oder andere Schwein, das gar keines ist.

So gibt es zum Beispiel den Schweinswal (Zahnwal), der ähnlich wie ein Delphin aussieht. Dann findet sich das Meerschweinchen, übrigens eine kulinarische Köstlichkeit in Südamerika, speziell in Peru und Ecuador.

Tatsächlich existiert ein schuppenloser Schweinsfisch, der ‚Grunzer'.

Da der Schweinsaffe (Makake) einen ringelförmigen Schwanz hat, erhielt er seinen Namen angelehnt an das Schwein.

25

In Südafrika ist das Erdferkel (Kapschwein, Erdschwein) zu Hause. Obwohl es trotz der lang gezogenen Schnauze eine gewisse Ähnlichkeit mit einem Schwein aufweist, gehört es einer anderen Ordnung an. Es ist kein Schwein.

In Kuba liegt die Schweinebucht. Diese wurde weltweit bekannt, als im Jahr 1961 Exilkubaner erfolglos versuchten, dort anzulanden, um Fidel Castros Regime zu stürzen.

In dieser Bucht leben keine Schweine, obwohl es der Name suggeriert. Eine dort lebende Fischart (Drückerfisch) heißt ‚Cochino'. Und das wiederum übersetzt heißt Schwein. Die Bucht ist voller Schein-Schweine.

Schweinische Tierwelt

An einem Strand auf den Bahamas, am Pig Beach einer unbewohnten Insel namens Pig Island (Big Major Cay) lassen sich hingegen tatsächlich schwimmende Schweine sehen.

Die Schweine haben gelernt, zu den Fischerbooten oder Touristenbooten zu schwimmen, um dort Futter zu erhalten. Dieses Verhalten lässt auf eine gewisse Intelligenz der Schweine schließen.

Das afrikanische Wildschwein ist ein echtes Schwein, wird auch Flussschwein genannt oder Pinselohrschwein (Red river hog).

Das Minischwein ist ein extra gezüchtetes kleineres Schwein. Es sollte kleiner sein als das klassische Hausschwein, was auch gelungen ist. In den sechziger Jahren wurde es für Versuchslabore gezüchtet.

Die Tiere sollten raumsparender gehalten werden können. Gleichzeitig sank der Bedarf für die Labore – und damit die Kosten – an Futter. Trotz seines Namens, der auf die Größe beziehungsweise Kleine hinweist, kann solch ein Schwein bis zu 65 Kilogramm schwer werden. Selten auch 100. Das sollten sich die Liebhaber bewusstmachen, die sich anstelle eines Hundes ein pflegeleichtes Minischwein zuhause halten wollen.

Das Minischwein lässt sich tatsächlich stubenrein erziehen. Es lässt sich sozial wohl ganz gut ins Familiengeschehen einbinden und erstaunt manchmal mit seinem intelligenten Verhalten.

Eierlegende Wollmilchsau

Ein lediglich in der Vorstellungskraft existierendes Schwein ist die sogenannte ‚Eierlegende Wollmilchsau'. Gäbe es das Tier real, wäre das ein tolles Ergebnis der Züchtung.

Denn: Die Wollmilchsau beherbergt das Huhn, das Eier legen kann, das Schaf, das Wolle produziert und die milchgebende Kuh. Schließlich das Schwein selbst, das Fleisch und Leder liefert.

27

Wird einer Person etwas Übertriebenes oder Unmögliches abverlangt, wird das Gewünschte mit den Leistungen einer Wollmilchsau verglichen.

Es scheint von vornherein klar, dass das Erwartete nie erfüllt werden kann. Somit bleibt der Wollmilchsau in der Regel nur der ironische Einsatz in der Kommunikation.

So soll hier noch die Bezeichnung von einem Gebäckstück angegeben werden, dem Schweineohr beziehungsweise dem Schweineöhrchen. Dieses Gebäck wird aus Blätterteig und Streuzucker gefertigt und zum Teil in Schokolade getaucht.

Schweinsäuglein

Nachdem die Schweineohren ein leckeres Gebäck abgeben, stehen Schweineaugen nicht zum kulinarischen Genuss. Schweinsäuglein stehen für kleine, blinzelnde, tiefliegende Augen. Mit etwas Goodwill ähneln diese den Menschen zugeschriebenen Augen den intelligent blickenden Augen des Schweins.

Tatsächlich können Schweine gar nicht so gut sehen, was auch ihre Farberkennung betrifft. Genau genommen müssten einige vermenschlichte Schweine mit Brille dargestellt werden.

„Au Backe!"

Schweinebacken (auch Fettbacken) gehören nicht zu den süßen Leckereien. Sie sind im Hauptgericht zu finden oder – sie werden als Schimpfwort eingesetzt.

Die fleischbetonenden Begriffe Affenwurst, Affensteak, Affenschnitzel, Affenkotelett kommen aus der Sportwelt. Hieße es Schweinewurst, Schweinesteak und so weiter, dächte jedermann sofort an das Schweinefleisch. Beim Affen ist es nachvollziehbar, dass etwas anderes gemeint ist.

Sportler, wie Radfahrer, die sich zwischendurch Energie zuführen, bevorzugen eine Banane. Und diese Banane wird mit den oben aufgelisteten Fleisch-/Wurst-Begriffen umschrieben.

„Gestatten: Familie echtes Schwein."

Wie weiter oben bereits angeführt, gehört das Schwein zur Klasse der Säugetiere.

Zur Familie des echten Schweins gehört das männliche mit der Bezeichnung Eber, die Muttersau oder Kosel ist die weibliche Sau, das Jungtier ist das Ferkel. Ein Spanferkel ist noch jünger. Es hängt noch am Span, der Zitze. Das wachsende Schwein heißt Jungsau. Die Bezeichnung gilt vom Zeitpunkt der Geschlechtsreife im 5. oder 6. Monat bis zum ersten Wurf von Ferkeln.

Überschreitet das Ferkel das Gewicht von 25 Kilo, erhält es den Namen Läufer oder Polk. Das kastrierte männliche Tier ist der Borg, Bork, Börge, Barch oder Altschneider. Der Jungeber heißt so ab seiner Geschlechtsreife bis etwa zum Alter von 18 Monaten.

29

Bekannt sind für das Schwein auch die Begriffe Borstenvieh, Borstentier, Wutz. Die Bezeichnung ‚Matz' wird für ein fettes Schwein verwendet. Als Schimpfwort diskriminiert es eine korpulente Person. Kosel, das Mutterschwein, wird auch als abwertende Bezeichnung für eine ungepflegte, schmutzige Frau eingesetzt.

Übrigens: Das älteste weibliche Tier ist das Oberhaupt der Schweinsgruppe. Ein gutes Beispiel für das Matriarchat, die Herrschaft der Mutter.

Das uralte Schwein aus der Höhle und aus der Hölle

Etwa unglaubliche 45.000 Jahre soll das älteste Wandgemälde der Welt sein, welches ein Wildschwein darstellt. Es wurde kunstvoll von prähistorischen Höhlenmenschen angefertigt.

Zu bestaunen ist es im Hochland der indonesischen Insel Sulawesi.

Wie der Mensch, so muss auch das Schwein eines Tages sterben. In der antiken, nordgriechischen Stadt Edessa findet sich ein Epitaph (Grabstein) für ein Schwein aus dem zweiten oder dritten Jahrhundert nach Christus. Welch besonderes Schwein wird dort geehrt?

Noch älter ist das Daeodon (,schreckliches Schwein') mit immerhin 2 Metern Schulterhöhe und 3 Metern Länge. Förmlich ein Schweine-Riese.

Obwohl der Kopf relativ groß gewesen ist, soll das Tier mit einem kleinen Gehirn ausgekommen sein.

Mit einer Tonne Gewicht war es ein ernstzunehmendes Raubtier.

Etwas schlechter kommt ein anderes Schwein an. Das vor 3,8 Millionen Jahre lebende Entelodon (,perfekt bezahnt') wird aufgrund seines kräftigen und perfekt bezahnten Gebisses als Schwein aus der Hölle bezeichnet.

Es juckt mich nicht

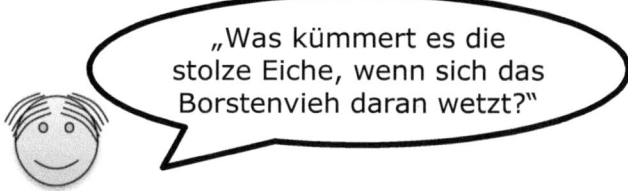

„Was kümmert es die stolze Eiche, wenn sich das Borstenvieh daran wetzt?"

Dieser Spruch sagt so viel wie: „Es juckt mich nicht, wenn sich andere über mich ärgern oder etwas an mir auszusetzen haben."

Das Verhalten kann als gelassen und selbstbewusst gedeutet werden, oder es offenbart eine gewisse Arroganz/Ignoranz, vielleicht auch Desinteresse anderen gegenüber.

31

Schweine können viele Stellen ihres Körpers weder mit der Schnauze noch mit einer Pfote erreichen. Das ist ein Vorteil für Ungeziefer, das sich gern auf der Haut des Tieres niederlässt. Deshalb muss sich das Schwein immer mal wieder schrubben und scheuern.

Wird ihm diese Möglichkeit genommen, wird es sehr unter dem Juckreiz leiden.

Sagt jemand, ,es jucke ihn nicht', fühlt er sich gegen Juckreiz oder andere Beeinträchtigungen immun.

Und wenn es juckt, ist es ihm egal.

„*Wulle, Wulle, Wutzchen*"

„Sich im Respekt zu erhalten,
muss man recht bockig sein.
Alles jagt man mit Falken,
nur nicht das wilde Schwein!"
Johann Wolfgang von Goethe, dt. Dichter
(1749 - 1832)

„Vom wilden Watz gebissen."

„Wulle, wulle, Wutzke ging in den Laden
wollt für fünf Pfennige Bonbons haben!"

So findet sich Wutzchen, hier Wutzke, in einem Kinder-volkslied wieder. Woher ‚wulle' stammt, ist unbekannt. Die Verwendung für ‚wulle, wulle' ist ein Lockruf für Haustiere, sich in eine gewünschte Richtung zu begeben. ‚Wulle, wulle, Gänschen', um die Gänseschar zu lenken.

Übrigens: Für fünf Pfennige konnte Wutzke nichts erste-hen, was ihn sehr ärgerte.

Die Wutz

Eine Wutz wird eine Person genannt, die sich wie ein Ferkel verhält.

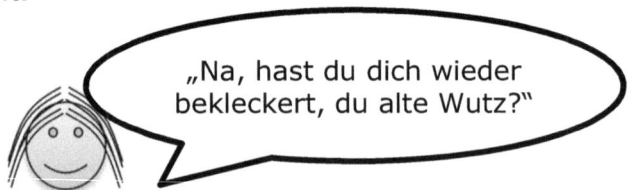

„Na, hast du dich wieder bekleckert, du alte Wutz?"

Wutz (auch Wusch, Wutsche, Wutje) wird überwiegend im Rheinland und im Norden Deutschlands verwendet.

Manche Bäuerin lockte früher die Schweine mit:

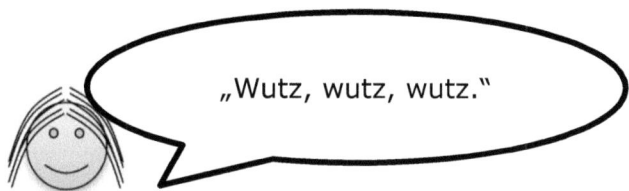

„Wutz, wutz, wutz."

Manchmal wird auch das Schwein gerufen mit „oink, oink". Oink gilt als Lautmalerei für die Geräusche, die Schweine von sich geben.

Hin und wieder steht auch „öff, öff" für die schweinische Kommunikation.

Die Familie Wutz, besteht aus der weiblichen Wutz, dem männlichen Watz oder Wetz und dem Nachwuchs Wutzje.

33

Der wilde Watz

Watz heißt übrigens auch scharf, steil oder ‚voller Begierde'. Der Gebirgszug Watzmann ist ein scharfes, kantiges Gebirge mit steil abfallenden Hängen.

Neben dem Watzmann gibt es auch die Watzmannfrau und die Watzmannkinder.

Klagt jemand ...

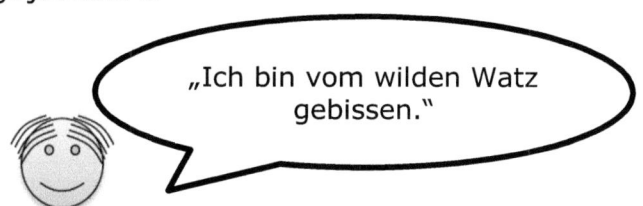

„Ich bin vom wilden Watz gebissen."

… will er damit ausdrücken, dass sich jemand übertrieben dynamisch und unkontrolliert, vielleicht sogar etwas ‚verrückt' verhält.

Kinder werden liebevoll mit Kosenamen gerufen. In diesem Zusammenhang passen: Wutzi, Wutzibär, Wutzelchen.

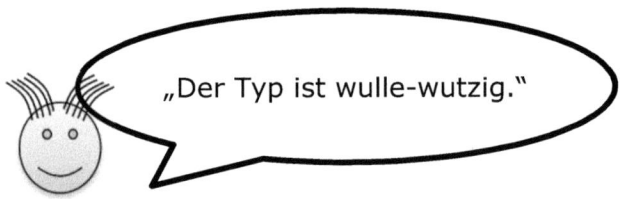

„Der Typ ist wulle-wutzig.“

34 So charmant ‚wulle-wutzig' klingen mag, steht diese Wortkombination für hässlich.

Bewegt sich jemand mit kleinen, schnellen Schritten, kann das Verb watzen eingesetzt werden.

Watzen heißt auch ‚abnutzen'. Es ist durch die Benutzung abgerieben, speckig glänzend, fadenscheinig.

„Die Schuhe sind abgewatzt.“

Das Zuchtschwein im Faselstall

Im Mittelhochdeutschen ist ‚vasel' das ‚Zuchttier'. Im Althochdeutschen bedeutet ‚fasal' das tierische Nachkommen.

Wer ‚nur' eine Sau zu Hause hatte, benötigte ein Zuchtschwein, um Nachkommen zeugen zu lassen.

In Darmstadt gibt es ein im Volksmund genanntes Watzeviertel (korrekt Martinsviertel). In diesem Viertel gab es früher den städtischen Faselstall, in dem das Zuchtschwein (oder Rind) wartete, um die Besamung vorzunehmen. Der Eber stand für die Wutz bereit.

Dabei ist ‚<u>der</u> Fasel' das geschlechtsreife Schwein (oder Rind), das dortin zur Vermehrung geführt wurde.

‚<u>Die</u> Fasel' stand für die Fortpflanzung.

Der Faselwärter passte auf, dass alles geordnet ablief – und kassierte bestimmt die städtisch angeordnete Gebühr für die Besamung.

Schniedelwutz

Bei dieser Gelegenheit soll auf den Schniedelwutz hingewiesen werden.

Das ist eine freundliche Bezeichnung – ja fast eine lächerlich machende ‚Verniedlichung' – für das männliche Fortpflanzungsorgan.

Füttern und Sparen für den fetten Gewinn

„Das Sparschwein kaputthauen."

Wie erwähnt, sollte der Besitz eines Schweins Glück bringen. Das Schwein stand demnach als Symbol für Wohlstand, Sicherheit und Glück.

Höchstwahrscheinlich ist das mit ein Grund, weshalb das Sparschwein ein Schwein ist, und nicht zum Beispiel ein Goldfisch.

Die Schatzkammer

Aus dem 2. Jahrhundert stammt eine Spardose, die in Priene (heute Türkei) gefunden wurde. Die Spardose hat die Form eines Hauses, eines Schatzhauses. Durch einen Schlitz lassen sich Münzen einwerfen.

Das Schatzhaus ist der Fassade eines Tempels nachempfunden. Wie es das Wort verrät, wurden im Schatzhaus Schätze aufbewahrt.

In der lateinischen Sprache heißt es ‚thesaurus' für ‚Schatzkammer', ‚Vorrat' oder ‚Speicher'.

Aus ‚thesaurus' wurde das französische ‚trésor', der Tresor. Der Tresor ist begehbar, ein Safe nicht.

Das klassische Sparschwein

Das klassische Sparschwein stammt aus dem 13. Jahrhundert. Es steht als Symbol für Fruchtbarkeit, Nützlichkeit und Genügsamkeit.

Schon das Kind kann zwanglos lernen, dass das Schwein gefüttert werden muss, um später gutes Essen auf den Tisch zu bringen.

Übertragen auf das Sparschwein bedeutet es, dass dieses mit Münzen gefüttert werden soll, damit es später geschlachtet und ‚geerntet‘ werden kann.

Es wird dann geschlachtet, wenn es reif ist, – also mit Münzen gefüttert – was jedoch eine gewisse Zeit dauert.

37

Regelmäßig füttern

Damit das Sparschwein nicht ‚verhungert‘, muss es regelmäßig gefüttert werden – regelmäßig eine Münze eingeworfen werden.

Das Kind spürt, wie das Sparschwein an Gewicht zunimmt. Dem Sparschwein geht es gut.

Manchmal entwickelt sich ein starkes Bedürfnis nach einer materiellen außerplanmäßigen Zuwendung. Aber: ‚Heimlich‘ lässt sich vor dem regulären Schlachten nichts aus dem Sparschwein stibitzen. Dazu ist der schmale Münzschlitz nicht geeignet.

Selbst der spitzfindige Einsatz von Pinzette, Schere oder Messer, scheitern in der Regel kläglich.

Auch bei mehreren trickreichen Versuchen liegt die Chance, eine Münze aus dem Schwein herauszuholen, fast bei Null. So soll es auch sein.

Erst zu einem vereinbarten Zeitpunkt, – zu einem bestimmten Anlass, beim geplanten Kauf eines Gegenstands, zu einem festgelegten Datum –, nach der geplanten Sparzeit, wird das ,satte' Schwein geschlachtet.

„Ich haue mit dem Hämmerchen das Sparschwein."

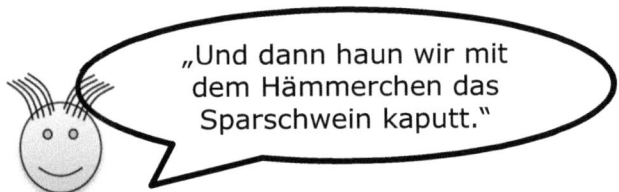

Ab dem Jahr 1993 singt der britische Sänger John Christopher ,Chris' Howland (1928 – 2013) die sogenannte Hämmerchen-Polka landauf und landab.

„Und dann haun wir mit dem Hämmerchen das Sparschwein kaputt."

... „mit dem Innenleben von dem kleinen Sparschwein geht's mir dann wieder gut."

Befindet sich am Bauch des Sparschweins ein Schloss, kann es zum Entleeren dort geöffnet werden, ohne dass das Sparbehältnis ,kaputtgeht'.

Ansonsten geht es bei Porzellan- oder Keramik-Schweinen etwas brachialer (mit roher Körperkraft) zu. Mit ein paar kräftigen Hammerschlägen wird die Existenz des Sparschweins beendet. Scherben und Inhalt liegen nun vor dem ‚Schlachter'. Armes Schwein.

Um erfolgreich zu sein und eine fette Ernte einfahren zu dürfen, bedarf es einer gewissen Pflege (Füttern), einer Regelmäßigkeit und vor allem einer Portion Geduld.

Für viele ist es immer wieder überraschend, wie viel Gespartes sich in kurzer Zeit angesammelt hat.

Der zuwendungsreiche Umgang mit dem Sparschwein hat sich bezahlt gemacht.

Und, für alle Fälle, heißt es:

„Spare in der Zeit, dann hast du in der Not."

Piggi bank

In der englischen Sprache wird ein Sparschwein piggi bank genannt. Das ‚Pig' (‚Schwein') ist nicht zu übersehen.

Im früheren England wurden Teller, Schlüssel und andere Behältnisse aus einem preiswerten, orangefarbenen Ton hergestellt. Dieser Ton heißt Pygg.

39

Die Bewohner bewahrten Münzen in einem Topf oder einer Schale auf. Das waren die Pygg-Töpfe oder die Pygg Bank.

Das Schwein hieß damals ‚pigge', gleich ausgesprochen wie ‚pygg'.

Aus Pygg wurde im Lauf der Zeit Pig. Die Schweinchenbank war geboren.

Sparen bestimmter Münzen

Manche Menschen sammeln bestimmte Münzen in einem Sparschwein. Zum Beispiel alle 1-Cent-, alle 2-Cent- und 5-Cent-Münzen.

Andere fokussieren sich auf die 2-Euro-Münze. Nach jedem Einkauf kommen alle 2-Euro-Münzen dem Sparschwein zugute.

Nach einem gewissen Sparzyklus – zum Beispiel alle drei Monate – wird das Schwein vom Inhalt befreit, der dann auf der Bank dem Konto gutgeschrieben wird. Oder es wird sich eine Belohnung gegönnt.

Nebenbei: Es ist nicht üblich, einen Geldschein in ein Sparschwein zu stecken. Tatsächlich hat das Sparschwein aber nichts dagegen, hin und wieder mit einem ‚Scheinchen' gefüttert zu werden. Das ist mindestens genauso willkommen wie Münzen.

„Schritt für Schritt – Brautschuhe ansparen."

Heute nicht mehr ganz so notwendig – aber trotzdem hin und wieder als alter Brauch umgesetzt.

Schon von klein auf, sammelt die zukünftige Braut jeden Pfennig – heute Cent – für ihre Brautschuhe. Mit diesen gesammelten Münzen wird kurz vor der Hochzeit schluss-endlich ein passendes Paar Brautschuhe gekauft. Je mehr Münzen gesammelt wurden – und somit ausgegeben wer-den können –, desto wertvoller die Schuhe.

Die gesammelten Cents bringen den Neuverheirateten Glück.

41

Die Hochzeitsgäste, natürlich vor allem der Bräutigam, können am Wert der Schuhe erkennen, wie sparsam die Braut im bisherigen Leben war und demnach wahrschein-lich auch im zukünftigen Leben sein wird.

Der Aberglaube stellt folgendes sicher: Die bezahlten Brautschuhe garantieren, dass die Braut kurz vor der Hochzeit nicht weglaufen wird.

Noch etwas ist zu bedenken. Es ist fraglich, ob der Ver-käufer/die Verkäuferin der Brautschuhe einen Beutel Cent-Stücke als Bezahlung akzeptieren würde. In den Jahren, in denen die Cent-Stücke gesammelt werden, sollen sie nicht gegen Scheine getauscht werden.

Cent im Schuh

Noch ein weiterer Brauch soll späteren Geldsorgen vorbeugen:

Damit es in der Ehe keinerlei Sorgen ums Geld gibt, kann die Braut am Tag der Hochzeit einen Cent in ihrem Brautschuh verstecken. Das soll helfen, das erhoffte Gefühl finanzieller Sorglosigkeit zu erreichen.

Dafür gibt es dann allerdings eine Blase am Fuß ... Das sollte es wert sein.

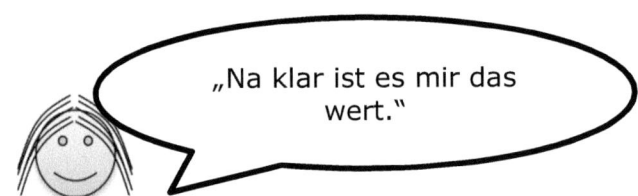

„Na klar ist es mir das wert."

Selbst an einem wichtigen, emotional starken Tag wie dem Hochzeitstag, geht der Gedanke an Geld nicht verloren.

Es wäre interessant zu erfahren, ob es Menschen gibt, bei denen dieser Aberglaube in Erfüllung ging/geht – nachweislich wegen der Münze.

Den Cent am besten im Fußhohlraum des Schuhs rutschfest ankleben. Dort soll der Fuß ihn am besten vertragen.

„Rhetorisch schwach – Das Phrasenschwein."

Eine Phrase (altgr. ‚phrasis' für ‚Rede', ‚Ausdrucksweise') ist eine leere Redensart, eine nichtssagende Aussage. Zum Beispiel:

Manchmal wird auch von einer hohlen Phrase gesprochen. Die Phrase ist hohl, da sie inhaltslos ist.

Eine Person, die viele Phrasen drischt, ist ein Phrasenschwein. Es wird zwar viel gesagt, aber ohne sinnvollen Inhalt.

Das Phrasenschwein, das zu viele Phrasen verwendet, ist ein Phrasendrescher. Dreschen bedeutet, durch heftiges Schlagen Getreidekörner aus den Hülsen lösen.

Der Phrasendrescher ist eine Art Sprücheklopfer, der sich gerne selbst reden hört. Leicht beleidigend wird er als Laberbacke tituliert.

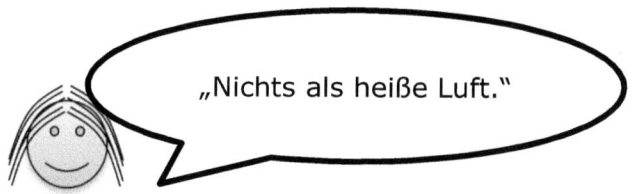

43

Strafgeld

Eine ganz andere Bedeutung für das Phrasenschwein ist ein Sparschwein, in das ein festgelegter Geldbetrag als Strafgeld eingezahlt wird.

Eine Gruppe Freunde vereinbart: Jedes Mal, wenn eine Person der Gruppe eine ‚abgedroschene' Phase verwendet, ist ein Strafgeld fällig. So wird sich das Phrasenschwein nach und nach füllen.

Ähnliches ist denkbar, wenn die Gruppe beschließt, jedes Mal ein Strafgeld zu entrichten, wenn beispielsweise eine (Frauen-)diskriminierende Formulierung geäußert wird.

Im Vorfeld wird die Höhe des Strafgeldes festgelegt. Zu einem bestimmten Datum wird das Sparschwein geöffnet. Der Inhalt wird dann gemeinsam ‚verprasst'.

Kapitalistenschwein

Das Kapitalistenschwein ist ein abwertender Ausdruck für den Profiteur des Kapitalismus.

Er benötigt nicht unbedingt ein Sparschwein, sondern eher ein dickes und äußerst ‚diskretes' Konto in einem Steuerparadies.

Er hat genügend Geld und kennt allerlei Tricks, dieses am Finanzamt vorbeizujonglieren – und erfolgreich zu vermehren.

Materiell oder geistig arm?

„Natürlich willst du sein? Wenn alles dann erzielt?
Natürlich ist das Schwein, das sich im Schlamme sielt."
Friedrich von Sallet, dt. Dichter
(1812 - 1843)

„Ein armes, bedauernswertes Schwein."

Nach dem reichen Sparschwein wird nun die Aufmerksamkeit auf das arme Schwein gelenkt.

Es ist interessant zu erkennen, wie vielfältig die Bedeutung des Wortes ‚arm' genutzt werden kann.

Wie bisher gesehen, stellt das Schwein keine großen Ansprüche an sein Leben. Es gibt sich mehr oder weniger mit allem zufrieden. Hauptsache, es ist warm und es gibt etwas zu fressen. Das genügt dem Schwein.

45

Aus dieser Sicht der Genügsamkeit müsste es sich um ein sehr zufriedenes Schwein handeln. Vielleicht sogar um ein glückliches Schwein, das höchstens vom Schlaraffenland mit all seinen Leckereien und Müßiggang träumt.

Das ist die Sicht des Schweins.

Nun schätzen manche Menschen das Leben des Schweins deutlich anders, nämlich als langweilig ein. Fressen, saufen, träumen. Wohlgemerkt Tag für Tag; ein Leben lang – auch wenn das Schlachtschwein nur ein kurzes Leben erwarten darf.

Das ist die Sicht des Menschen.

Lethargisches Schwein

Es fehlt anscheinend die Abwechslung. Sind geringste Anreize gegeben, um die Neugierde der Schweine zu befriedigen? Welche Chance hat unter diesen Bedingungen ein Schwein, seine Intelligenz trainieren zu können?

Das Schwein liegt ‚einfach so' im Stall.

Wie eintönig. Wie ärmlich. Es ist eine bedauernswerte Sau, oder?

„Das ist ein armes Schwein."

Arm, in Bezug auf abwechslungsreich beziehungsweise öde und langweilig.

Auf den Menschen übertragen, kann es auch den armen, den armseligen Menschen geben, der – böse ausgedrückt – einfach vor sich hinvegetiert.

Immer wieder lassen sich Senioren in Seniorenunterkünften beobachten, die schon am frühen Vormittag vor dem hauseigenen Restaurant sitzen, warten und hoffen, die Zeit verginge zügiger. Sie schlagen die Zeit mit Nichtstun tot.

Schade um die noch zur Verfügung stehende Lebenszeit.

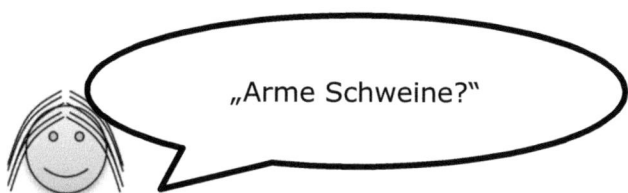

Abgebranntes Schwein

Tatsächlich kann eine Person unter Finanznot leiden. Das Geld langt hinten und vorne nicht. Beim Blick in die Geldbörse ist der Monat schon lange vorbei.

Ähnliches mag für den Menschen ohne Obdach gelten, der schuldlos auf der Straße leben muss. Oder für denjenigen, der nach der Scheidung von seinem/r Ex-Partner/in ‚ausgenommen' wird.

47

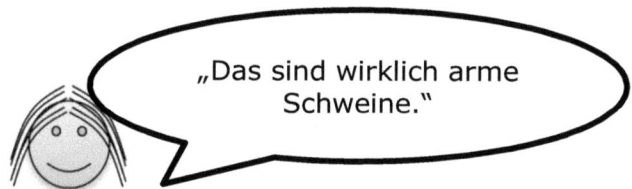

Ein Erdbeben erschüttert die Region. Straßen reißen auf. Wasserrohre platzen. Telefonleitungen sind gekappt. Hunderte Gebäude stürzen ein und begraben die Menschen unter ihrem Schutt.

Hänge stürzen ab, Dämme brechen, Fluten erobern die Infrastruktur und die Häuser in Nullkommanix.

Tote und Verletzte sind zu beklagen. Kälte, Hunger und Durst werden sich einstellen. Krankheiten und Seuchen folgen.

Beim Anblick aus der Ferne lässt sich seufzen:

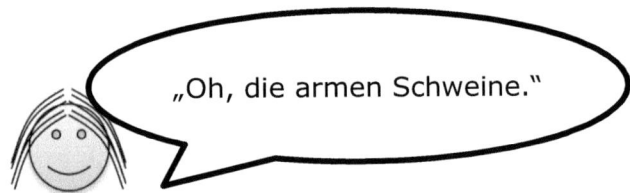

„Oh, die armen Schweine."

Die Läufer während der Olympia-Veranstaltung fliegen förmlich über die Bahnen. Die erste Person läuft ein. Bravo! Goldene Medaille! Der Zweite und der Dritte folgen. Auch sie werden später auf dem Siegertreppchen stehen. Dann trifft der vierte Läufer im Ziel ein.

Er geht leer aus. Undankbarer vierter Platz.

„Armes Schwein."

Manchmal handelt es sich lediglich um Bruchteile von Sekunden (!), die über den dritten oder den enttäuschenden vierten Platz entscheiden.

Fehlgeleitetes Schwein

Selbstverständlich gibt es auch eine Ausnahme unter den armen Menschen. Nämlich jene, die keine Zuneigung erhalten sollen.

Es sind die bedauerlichen Personen, die sich fehlverhalten haben und dabei andere physisch oder psychisch schadeten. Die, die auf ihren Vorteil aus waren, ohne jegliche Rücksichtnahme auf die Betroffenen.

Manch einer würde sie als ‚egoistische Schweine' bezeichnen oder als ‚gestörte Säue.' Zumindest sind sie fehlgeleitet.

Die, die ausschließlich aus reiner Zerstörungswut E-Scooter umwerfen, Fenster in den U-Bahn-Waggons zerkratzen, Fahrräder von der Brücke auf die Autobahn werfen, Gräber schänden oder Autos und Häuser anzünden.

49

Diese Typen sind bemitleidenswert. Es sind Typen, die sich für solch einen zerstörerischen Weg im Leben entschieden haben.

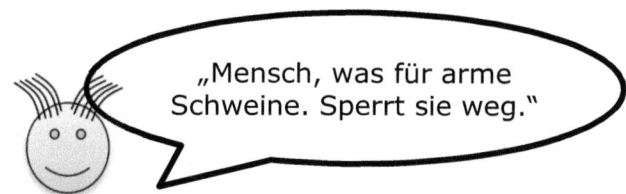

„Mensch, was für arme Schweine. Sperrt sie weg."

Zerstören ist einfach, zusammenfügen schwierig.

„Ein krankes Schwein – Schweinepest."

Die Menschheit wurde in Europa in den Jahren 1346 bis 1353 von der Schwarzen Pest überrascht und heimgesucht. Kaum vorstellbare geschätzte 20 bis 25 Millionen Menschen in Europa erlagen unter schlimmsten Gegebenheiten dem Schwarzen Tod.

Das war immerhin jeder Dritte der Bevölkerung. Jeder Dritte! Mit fürchterlichen Folgen waren die erschöpften Überlebenden konfrontiert, die die Dörfer, die Städte, den Handel, die politischen Strukturen, das öffentliche System und so weiter wiederaufbauen mussten. Vergleichbar verheerende Auswirkungen geschehen in der Jetzt-Zeit bei der gefürchteten Schweinepest. Die Schweinepest ist eine hochansteckende Virusinfektion für Haus- und Wildschweine.

Für die infizierten Schweine gibt es in der Regel kein Entkommen vor dem Tod. Sie sterben qualvoll innerhalb weniger Tage. Glücklicherweise ist der Mensch von der Schweinepest nicht betroffen, abgesehen der wirtschaftlichen Folgen.

Übrigens: Schweine können vielfältig erkranken. Sie können sogar Husten bekommen oder sie erkranken am gefährlichen PRRS-Virus, ein Atemwegsvirus. Seit 2025 sind die in den USA genmanipulierte Schweine (gegen das Virus) in Deutschland zugelassen.

„Ein schnelles Schwein – Im Schweinsgalopp."

Dass Pferde beim Galopp eine beachtenswerte Schnelligkeit erreichen, ist allseits bekannt. Das Pferd soll beim Galopp Geschwindigkeiten zwischen 20 und 35 Kilometern pro Stunde schnell sein. Ein gutes Rennpferd erreicht beim Zieleinlauf eine Geschwindigkeit von etwa 65 km/h.

Sausen Schweine mit ihren kleinen Beinchen über den Hof oder die Wiese, sieht das für viele Menschen lustig aus. Das reizt zum Schmunzeln oder zum Lachen.

Das Hausschwein erreicht trotzdem immerhin etwa 20 Stundenkilometer, was überraschend schnell ist.

51

Vorsicht beim Wildschwein. Es soll bis auf unglaubliche 40 km/h kommen. Der menschliche Sprinter soll – auf ebener Strecke ohne Hindernisse –, ebenso 40 km/h schaffen können.

Er hätte rechnerisch eine gewisse Chance, davonzukommen. Im Gelände wäre höchstwahrscheinlich das Wildschwein im Vorteil.

Der Durchschnittsmensch kommt beim Rennen allerdings nur auf 30 km/h (ebenso auf freier Strecke), was dem Wildschwein im Falle der Verfolgung eines Menschen einen deutlichen Vorteil einräumt. Ob es sinnvoll ist, im Fall des Falles vor einem Wildschwein davonzurennen?

Übrigens: Wildschweine können Hindernisse von bis zu 1,50 m überspringen. Zum Vergleich: Ein Esstisch ist meistens ca. 75 cm hoch. Zwei Tische aufeinandergestellt ergeben die Höhe, die das Wildschwein überspringen kann. Nicht jeder Mensch bekäme das hin.

Also: Das Schwein ist überraschend schnell. Der Schweinsgalopp lässt sich auf menschliches Verhalten übertragen. Deshalb gibt es möglicherweise die Redensart:

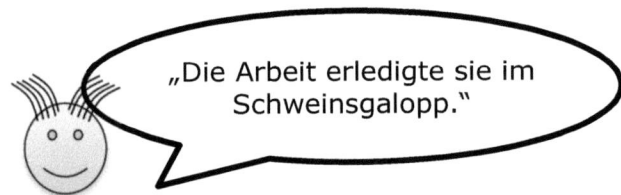

„Die Arbeit erledigte sie im Schweinsgalopp."

Die Person arbeitete schnell, sogar blitzschnell. Dass sie dabei nicht besonders sorgfältig gearbeitet hat beziehungsweise gearbeitet haben kann, ist nachvollziehbar.

Eine weniger bekannte Redewendung heißt:

„Das Messer im Schwein stecken lassen."

Das bedeutet, dass die Arbeit nur zur Hälfte erledigt wurde. Sonst steckte das Messer ja nicht mehr im Schwein.

Hin und wieder wird der Schweinsgalopp scherzhaft verwendet. Nämlich dann, wenn von vornherein klar ist, dass ein Ziel nicht erreicht werden kann.

„Wenn du nur schnell genug den Koffer packst, die Zahnbürste einsteckst, im Schweinsgalopp zum Flughafen saust, ein Ticket kaufst, könntest du den Flug, der in 35 Minuten abhebt, noch erreichen."

Na, dann mal los.

53

„Hopp, Hopp, im Schweinsgalopp."

Schweinetrab

Tatsächlich gibt es auch den Schweinetrab, bei dem das Tier länger durchhält als im Galopp. Wildschweine traben mit einer Geschwindigkeit von 6 bis 10 Kilometer in der Stunde.

Nebenbei: Schweine können auch schwimmen. Aber etwas können sie nicht: Sie können nicht in den Himmel schauen. Das lässt ihr Knochengerüst nicht zu.

Schweinerennen – Ferkelrennen

In bestimmten Gegenden Deutschlands finden jährlich Schweinerennen beziehungsweise Ferkelrennen statt.

Das Schwein, welches die vorgesehene Strecke als erstes durchläuft und am Ziel eintrifft, erwartet eine schweinische Leckerei oder ein Schweinespielzeug.

Stellvertretend für viele Orte, in denen ein tierischer Renn-Wettbewerb mit Schweinen umgesetzt wird, soll hier der Ort Nettetal-Lobberich erwähnt werden.

Angeblich wird dort seit dem Jahr 1505 auf dem Ferkes-markt solch ein Ferkelrennen an zwei Tagen umgesetzt. Ferkes ist/war die Bezeichnung für ein ausgewachsenes Schwein.

Auf dem Alten Markt unter großem Zuschauerandrang und bei ordentlichen Anfeuerungsrufen wird das Wettrennen realisiert. Die Rennstrecke ist 35 Meter lang.

Das Rennen stellt für die Besucher ein großes Gaudi dar. Es ist zu hoffen, dass das Spektakel dem sensiblen Schwein auch eine gewisse Freude bereitet.

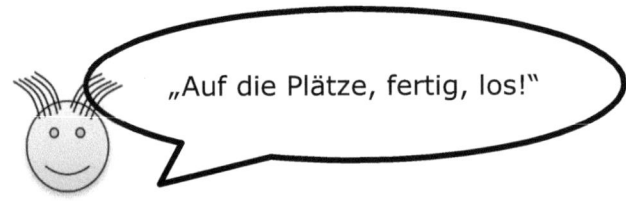

„Auf die Plätze, fertig, los!"

Teil 2 – Das intelligente Schwein

55

Dumm stellen und fit sein

Das versteht doch kein Schwein!

*„Es gibt kleinliche Geister, die da behaupten,
es sei besser, ein sattes Schwein zu sein
als ein unglücklicher Mensch."*
**Miguel de Unamuno, span. Philosoph
(1864 - 1936)**

„Das selbstbewusste Schwein – Rangordnung in der Intelligenz-Hierarchie."

Menschen, die gepflegt auftreten, die schick gekleidet sind und die sich gut artikulieren können, wird ein hohes Maß an Intelligenz unterstellt.

Ungepflegte Menschen, mit fleckiger Kleidung, die sich des Straßenjargons (umgangssprachliche Sprachebene) bedienen, lassen bei den Vorurteilen auf die Intelligenz bezogen ein niedrigeres Niveau erwarten.

Den Vorurteilen sei gedankt.

Kein Wunder, dass das im Schlamm suhlende Schwein, grunzend und quiekend, schlecht abschneidet. Es geht ihm nicht besser.

„Glücklich wie ein Schwein im Schlamm."

Dabei schützt sich das Schwein lediglich vor Trockenheit der Haut und vor Sonnenbrand. Das Schwein ‚badet' im Schlamm, um seine Haut zu kühlen. Weder möchte es seine Haut verbrennen, noch einen Hitzeschlag erleiden.

Nur: Das gepflegte Auftreten leidet.

Wer mag sich schon mit einem ‚verdreckten' Wesen zeigen?

Oft wird das Schwein unter anderem deswegen als minder intelligent bezeichnet. Ein Schwein, das sich freiwillig im Dreck suhlt, kann ja nicht ganz fit im Kopf sein ... So mögen viele denken.

Aufgrund des leger gewordenen Kleidungsstils wird es noch schwieriger (bis unmöglich) Rückschlüsse auf die Intelligenz einer Person zu ziehen.

57

Die Folge: Das gilt dann für Tier und Mensch. Die vermutete Intelligenz des Menschen wird auf den Spruch übertragen.

Das stimmt in dieser pauschalen Bewertung allerdings nicht. Weder beim Menschen noch beim Schwein. Individuell mag die Beurteilung natürlich stimmen.

Das schlaue Schwein

Tatsächlich: Schweine gelten als intelligent. Sogar als sehr intelligent.

Manchmal wird gesagt:

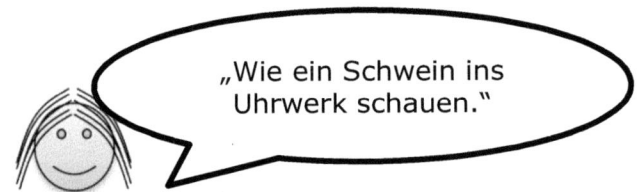

„Wie ein Schwein ins Uhrwerk schauen.“

Das bedeutet, von der Technik keine Ahnung zu haben. Manchen Menschen geht es ebenso, wenn sie die Funktion eines Uhrwerks erklären – oder sonstige Technik begreifen sollen.

Aber, welches Schwein hat schon mit Uhren zu tun?

Schweine sollen intelligenter sein als Hunde, Katzen und einige Primaten. Sie haben angeblich die Intelligenz eines dreijährigen Kindes (das Intelligenzniveau von Katze und Hund entspricht dem eines zweijährigen Kinds).

Alle Achtung!

Ein Schimpanse (ein naher Verwandter des Menschen) zeigt immerhin die Intelligenz eines vierjährigen Kindes.

Sein ‚Kollege‘, der Orang-Utan ist auch nicht auf den Kopf gefallen.

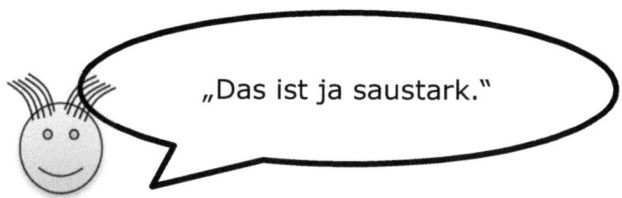

„Das ist ja saustark.“

Hört sich hier etwas Bewunderung heraus?

Tierische Intelligenz-Hierarchie

In der Intelligenz-Hierarchie gibt es keine Einigkeit, welches Tier tatsächlich intelligenter als ein anderes ist.

In den meisten Auflistungen finden sich Delphine und Menschenaffen (Schimpanse und Orang-Utan) auf den höchsten Plätzen.

59

Gefolgt von Krähenvögeln, Kraken, Papageien und Elefanten.

Spätestens jetzt ist das Hausschwein einzuordnen.

Da es für Tiere keine vergleichbaren Intelligenztests gibt – und für jede Tierart unterschiedliche Kriterien für die Intelligenz gegeben sein mögen-, ist eine wissenschaftliche fundierte Rangordnung kaum zu erstellen.

Auf alle Fälle ist das Schwein ein sozial eingestelltes Tier. Gelegentlich werden Schweine nicht umsonst anstelle eines Hundes als Haustier gehalten (siehe Minischwein).

„Das dressierte Schwein – Auftritt in der Zirkus-Manege!"

Exotische Tiere wie Löwen, Tiger und Elefanten gehörten vor wenigen Jahren unbedingt in die Zirkus-Manege. Später wurden sie aufgrund diverser Proteste verdrängt und durch einheimische Tiere wie Schweine, Hunde und Papageien ersetzt.

Mit den Tieren wurde wochenlang trainiert. Mit ihren Darstellungen sollte das Publikum begeistert werden.

So sollten Schweine beispielsweise mit der Schnauze eine Melodie spielen, durch Reifen springen, in Formation laufen/rennen.

Die Zuschauenden sollten verständlicherweise belustigt werden. Gleichzeitig sollte auf die Intelligenz der Tiere aufmerksam gemacht werden.

In Europa gibt es mittlerweile kaum noch einen Zirkus, der mit Tieren arbeitet. Tierschützer haben gute Arbeit geleistet.

Das malende Schwein

Im Jahr 2024 starb das künstlerisch begabte Schwein Pigcasso im Alter von acht Jahren. Es lebte im Dorf Franschhoek, Südafrika, auf einem Gnadenhof namens Hog Heaven.

Der Name ist angelehnt an den spanischen Maler Pablo Ruiz Picasso (1881 – 1973).

Die Besitzerin stellte eine Leinwand auf und öffnete einige Farbtöpfe. Pigcasso nahm einen Pinsel, tauchte ihn in eine Farbe und ‚bemalte' die Leinwand. Es entstanden mehrere individuelle tierische Kreationen, die als Kunstwerke bezeichnet wurden.

Angeblich brachten sie beachtliche Erlöse.

Schweine lernen Tricks

Schweine zeigen Kreativität und Einfallsreichtum bei dem Ergattern von Futter (vergleiche schwimmende Schweine auf den Bahamas).

Und das Schwein kann komplexe Testaufgaben lösen. Bei Experimenten wurde Futter in eine verschlossene Kiste gegeben. Den Schweinen gelang es meist, durch Tüfteln, Versuchen und so weiter die Kiste erfolgreich zu öffnen.

Das Schwein kann Bilder voneinander unterscheiden und sie bestimmten Kategorien zuordnen. Dabei steuert es einen Joystick mit der Schnauze.

Angeblich sollen es einige Schweine geschafft haben, bestimmte Videospiele zu spielen.

Wer hätte das einem ‚ollen' Schwein zugetraut?

Schweinegeflüster – Das Soziale Grunzen

„Doch die Höchstgefühle heischen ihren ganz besonderen Klang;
Dann sagt grunzen oder kreischen mehr als Rede und Gesang."
Heinrich Christian Wilhelm Busch, dt. Schriftsteller
(1832 - 1908)

„Quieken wie ein Schwein!"

Quieken bedeutet, hohe, schrille Töne von sich zu geben.

In der Regel in positiven Situationen. Beispielsweise wenn

jemand gekitzelt wird oder bei einem Nachlauf-Spiel vom

‚Fänger' in letzter Sekunde erwischt wird.

Später wurde aus quieken quietschen.

62

„Die Oma ist quietschfidel.“

Der Oma geht es ausgezeichnet gut, sie ist gesund und freut sich ihres Lebens. Der Körper arbeitet zuverlässig. In der lateinischen Sprache steht ‚fidelis‘ für ‚treu‘ und ‚zuverlässig‘.

Grunzen

Das Verb grunzen wird verwendet, um auszudrücken, dass jemand raue Kehllaute ausstößt.

63

Das Wort stammt aus dem Althochdeutschen und bedeutete dort ‚grollen‘ oder ‚murren‘.

In der Regel grunzt ein Tier, zum Beispiel das Schwein.

Tatsächlich wird in der zwischenmenschlichen Kommunikation von ‚Sozialem Grunzen‘ gesprochen. Dabei handelt es sich um Geräusche, Mimik oder Gestik, die Interesse am Gespräch bezeugen.

So lässt sich im Dialog durch das (nonverbale) Nicken des Gegenübers ableiten, dass dieser versteht oder dass er mitdenkt, worum es geht. Hier wird vom ‚aktiven Zuhören‘ gesprochen.

Um durch ein Geräusch darzustellen, dass dem Redever-
lauf gefolgt wird, lässt der Mensch bestimmte ‚Geräusche'
hören.

Dazu zählen zum Beispiel:

Durch dieses Soziale Grunzen baut sich eine gewisse Ge-
meinsamkeit auf. Die beiden Sprechenden verstehen sich
und sind derselben Meinung.

Der Zusammenhalt wird gestärkt.

Das kommunizierende Schwein als dreijähriges Kind

Im September 2024 wurden in mehreren Medien die Untersuchungsergebnisse von Forschern aus Kopenhagen, Dänemark veröffentlicht.

Es wurde berichtet, dass mithilfe der Künstlichen Intelligenz Messergebnisse zum Grunzen und Quieken von Hausschweinen analysiert wurden.

So fanden die Wissenschaftler heraus, dass sich Schweine mit unterschiedlichen Grunzlauten austauschen.

Die Forscher haben tatsächlich neunzehn verschiedene Stimmlaute herausfiltern können, mit denen die Tiere unterschiedliche Gefühle ausdrücken.

65

Eine weitere Erkenntnis: Ferkel begrüßen sich mit einem besonderen Grunzlaut.

Es grunzt von Tier zu Tier verschieden, was auf das Unterscheiden und das Erkennen der verschiedenen Artgenossen rückschließen lässt.

Es wurden fröhliche und traurige Grunzlaute erkannt und zugeordnet. Ein kurzes, tiefes Grunzen bedeutet in der Regel Fröhlichkeit. Einige hohe Töne verraten unangenehme Situationen. Ein kurzes Grunzen, das konstant wiederholt wird, drückt aus, dass das Schwein glücklich ist. Freuen sich Schweine und spielen miteinander, dann bellen sie. Die Freude ist förmlich zu sehen und zu hören.

Kommunikation im Schweinestall

Übrigens: Quieken die Schweine lauthals, liegt Stress vor.

Unfassbar, diese Ergebnisse, die die Wissenschaftler bisher sammeln konnten.

So denn die Resultate richtig analysiert und zugeordnet wurden, ließe sich auf eine Art schweinische Kommunikation im Schweinestall schließen.

Emotionen wie Fröhlichkeit oder depressive Stimmungen würden ausgedrückt, eventuell geteilt.

Zumindest hören Schweine auf ihren Namen.

Interessant ist es sich vorzustellen, wie der Mensch lernen könnte, die Äußerungen des Schweins richtig zu deuten. Fühlt sich das Schwein wohl oder ist es bedrückt? Oder will es etwas anderes mitteilen?

Was kann der Mensch tun, damit es den Schweinen bessergeht? Dem Schwein, das dreijährige Kind.

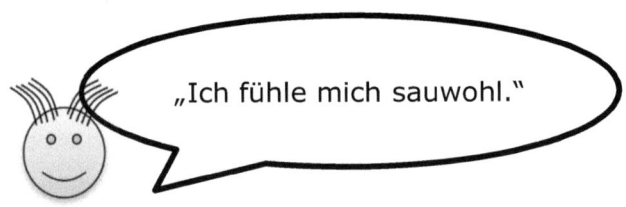

„Ich fühle mich sauwohl."

Ringelschwanz

Die Bezeichnungen Ringelschwanz beim Schweineschwanz kommt von seiner gekrümmten Form.

Tatsächlich verrät die Haltung des Ringelschwanzes den Gemütszustand des Schweins.

Wedelt das Schwein mit dem Schwanz, ist es höchstwahrscheinlich gereizt oder nervös.

Hängt der Schwanz, fühlt sich das Schwein nicht wohl. Es ist in einer gedrückten Stimmung. Irgendetwas stimmt nicht mit ihm, vielleicht ist es krank.

Ist der Schwanz geringelt, darf davon ausgegangen werden, dass das Schwein zufrieden und gesund ist.

67

Durch diese nonverbalen Hinweise in der Kommunikation zwischen Schwein und Mensch kann der Halter Rückschlüsse auf den Gemütszustand ziehen und entsprechend aktiv werden.

Da die meisten Schweine kupiert wurden (Schwanz wurde abgeschnitten, siehe dort), fehlt dieses Kommunikationsmittel dem Schwein. Das Schwein zu verstehen, wird für den Halter damit schwieriger.

Inwieweit sich Schweine untereinander an dieser Schwanzhaltung der anderen Schweine orientieren, ist unbekannt.

Experimente mit dem intelligenten Schwein

„Nur ein Narr macht keine Experimente."
Charles Robert Darwin, brit. Naturforscher
(1809 - 1882)

„Ist sich das Schwein seiner selbst bewusst?"

Bei Erstversuchen – durchgeführt durch Professor Donald Maurice Broom (*1942) von der Universität Cambridge, Großbritannien – zeigte sich, dass sich Schweine nach einer Weile im Spiegel erkannten.

Bei weiteren, folgenden Versuchen bemerkten sie sofort, dass sie sich sehen konnten.

Das bedeutet: Die Versuchsschweine realisieren, sich selbst wahrzunehmen und unterliegen nicht dem Eindruck, ein fremdes Schwein zu erblicken.

Das Erkennen im Spiegel lässt auf ein gewisses Selbstbewusstsein schließen. Wer sich selbst erkennt, muss wissen, dass er existiert und wie er aussieht.

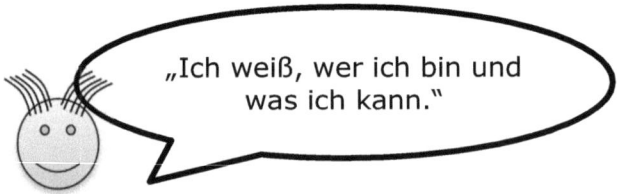

„Ich weiß, wer ich bin und was ich kann."

Ist das Schwein wirklich seiner selbst bewusst?

Inwieweit sich das Schwein tatsächlich selbst erkennt und einschätzen kann, ist (noch) nicht eindeutig geklärt.

Im Fall des Selbstbewusstseins würde das bedeuten, dass es sogar von seiner Existenz wüsste.

Das hieße auch, dass es in seine Vergangenheit blicken könnte und eine Ahnung der Zukunft hätte. Möglicherweise setzen Schweine Erwartungen an die Zukunft.

Tatsächlich wird behauptet, Schweine könnten auf dem Schlachthof erkennen, dass sie sterben müssten. Einige Menschen sind sogar der Meinung, die Schweine würden Todesängste ausstehen.

Ein beunruhigendes Gefühl, nicht nur für das Schwein. **69**

Den Fingerzeig erkannt

An den Universitäten von Halle und Kassel sollen Versuche folgender Art unternommen worden sein. Ein Schwein steht im kurzen Abstand vor zwei Behältnissen. In einem befindet sich Futter.

Der Forscher zeigt auf das Behältnis, das mit Futter gefüllt ist. Die Deutegeste (der Fingerzeig) genügt, dass sich das Schwein dem gefüllten Behältnis zuwendet.

Möglicherweise kann das Schwein Deutegesten verstehen.

Weiterhin ist getestet, dass Schweine symbolisch denken können (Symbole, die Wörter ersetzen).

Schweinisches Gedächtnis

Für einige Menschen ist es überraschend zu erfahren, dass Schweine ein gutes Gedächtnis haben.

Selbst nach mehreren Jahren können sie sich an bestimmte Objekte erinnern. Sie wissen auch nach vielen Monaten noch, wo sie auf gute Futterquellen gestoßen sind.

Schweine können auch Menschen unterscheiden und sich an sie erinnern. Selbst nach Monaten erkennen sie bestimmte Menschen wieder und erinnern sich sogar, ob es damals eine harmonische Situation oder eine bedrohliche Stimmung gab.

Das Schwein versteht etwa 100 Signalwörter.

Schweinischer Zusammenhalt

Am Forschungsinstitut für Nutztierbiologie (FBN) in Dummersdorf bei Rostock wurden im Jahr 2023 interessante Versuchsergebnisse bei Experimenten mit Schweinen festgestellt.

An den Außenseiten eines Stalls wurden zwei Boxen angebracht. Diese waren durch eine Klappe/Tür verschlossen, die nur in Richtung Stall geöffnet werden konnte. Ein Fenster erlaubte den Blick vom Stall in die Box.

Eine Gruppe von 8 bis 10 Schweinen lebte einige Tage zusammen in diesem Stall.

Für das Experiment wurde eines der Schweine aus der Gruppe in eine der beiden Boxen gesetzt. Nach mehreren Versuchen gelang es den Schweinen aus der Gruppe, die Klappe der Box mit der Schnauze zu öffnen, in der das abgesonderte Tier war.

Die Tür zur leeren Box wurde auch geöffnet, aber nicht so bald wie die Tür, in dem der Artgenosse wartete. Wenn das isolierte Tier Unmut äußerte und Geräusche der Unzufriedenheit von sich gab, wurde es sogar noch schneller befreit.

Die Forscher gehen davon aus, dass mit diesem Experiment der soziale Zusammenhalt innerhalb der Gruppe bewiesen wurde.

Und außerdem: Dass die helfenden Tiere selbstlos aktiv wurden.

Schweine zeigen Emotionen

Zum einen zeigen Schweine in gewisser Hinsicht ein gewisses soziales, ‚verständnisvolles' Miteinander. Zum anderen empfinden sie Gefühle.

Tatsächlich zeigen Schweine an ihrem Verhalten, in welcher Stimmung sie gerade sind.

Forscher (und bestimmt auch Züchter/Halter) erkennen beim Schwein Freude, Schmerz oder Angst.

71

Es wird weiterhin Eifersucht und Überlegenheit zugeordnet, sowie Neugierde und Fürsorglichkeit. Im weitesten Sinn ist auch Liebe/Zuneigung erkennbar.

Voneinander lernen

Schweine gehen untereinander sogar soziale Bindungen ein.

Schweine lernen voneinander. In Experimenten zeigte sich, dass Ferkel die Muttersäue genauestens beobachten und entsprechend handeln, um schnell an Futter zu gelangen.

Das heißt, dass sie die beobachteten Verhaltensmuster verstehen, nachvollziehen und selbst umsetzen können. Solch ein Verhalten wird eindeutig als tierische Intelligenz bezeichnet.

Es wird davon ausgegangen, dass Schweine Empathie besitzen, dass sie Mitgefühl zeigen und ein gewisses Erinnerungsvermögen haben. Sie zeigen Sozialverhalten und kognitive (lat. ‚conoscere‘, für ‚wissen‘, ‚erkennen‘) Fähigkeiten, wie beispielsweise Denken, Erinnern, Schlussfolgern.

Schweine zeigen unterschiedliche Charaktereigenschaften, sind demnach Individuen mit eigenen Stärken und Schwächen. Um voneinander lernen und profitieren zu können, leben sie bevorzugt in der Gruppe.

Schweinespiele

Haben intelligente Tiere nichts zu tun, langweilen sie sich schnell.

Der Langeweile der Tiere soll unbedingt begegnet werden, damit die Tiere nicht in Stress geraten. Schweine sind neugierig und wollen etwas tun.

Ideal ist das, wenn das Schwein Ausgang ins Freie genießt, um die Umgebung mit all ihren interessanten Gerüchen zu erkunden.

Die pfiffige Industrie hat außerdem Schweinespielzeug erfunden. Beispielsweise gibt es Beißkugeln (Ferkelball) Beißringe, Beißzylinder, Beißblöcke, Beißsterne und weitere.

Das Schwein kann das Spielzeug beschnuppern, daran knabbern, es herumstoßen, sofern es nicht an einer sicheren Kette angebracht ist.

Weiter eignen sich Kordeln und Tüchern aus Jute und Baumwolle. Aber auch Baumrinden, Äste, Blätter werden zum Knabbern gemocht.

Damit ist das Schwein abgelenkt. Es hat etwas zu tun, seine Neugierde wird wachgehalten.

Ein Schwein spielt alleine oder es spielt tatsächlich mit einem anderen Tier.

„Das Schweineleben genießen!"

Sollten die beschriebenen Experimente und weitere tatsächlich beweisen, dass Schweine intelligenter sind als allgemein angenommen, sollte das Schwein mit anderen Augen betrachtet werden.

Und noch weiter: Sollten Schweine sogar ein Selbstbewusstsein besitzen, wäre das eine fast schon phänomenale Erkenntnis.

Das wäre für das intelligente Schwein ein Grund mehr, sein kurzes Leben in vollen Zügen zu genießen. Soll es doch jede Minute auskosten.

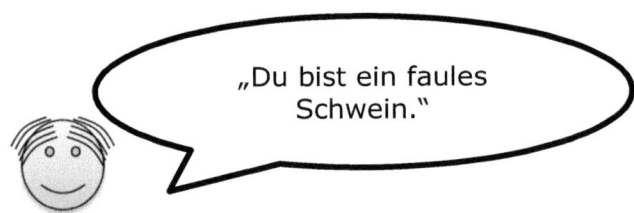

Manch Elternteil sieht sich hin und wieder gezwungen, den Nachwuchs mit diesen wenig schmeichelhaften Worten zu kritisieren.

Aber: Ist das Schwein faul? Nun, wie wohl jedes Säugetier, muss es mal ein Päuschen einlegen.

Dazu kommt der Aspekt, dass das Schwein seine Körpertemperatur nicht über Schwitzen regeln kann.

Die Aussage ...

„Der schwitzt wie ein Schwein."

... ist irreführend. Das Schwein schwitzt nicht.

Wie weiter oben beschrieben: Um sich gegen Sonnenbrand zu schützen und die Körpertemperatur zu senken, suhlt es sich im kühlenden Schlamm. Das muss es tun.

Das bringt ihm manchmal den Vorwurf des faulen <u>und</u> des schmutzigen Schweins ein.

„Du bist ein faules Dreck-Schwein!"

75

Dabei genießt es nur sein Leben, solange es geht beziehungsweise, solange es lebt.

Schweine sind grundsätzlich sehr sauber. Sie benutzen immer dieselbe Kotecke für ihre Ausscheidungen. Auf keinen Fall würden sie ihren Schlaf- oder Fressplatz verunreinigen.

Zur Redewendung des Schwitzens folgender Hinweis: Das Leben des Schlachtschweins neigt sich dem Ende zu.

Es wird betäubt, um dann in einen Bottich verfrachtet zu werden.

Dort geschieht das Abbrühen der Schweinehaut, um die Borsten besser daraus entfernen zu können. Vom Einsatz des Brühkessels stammt übrigens der Ausdruck in Bezug auf das Borstenvieh: „Schwitzen wie ein Schwein".

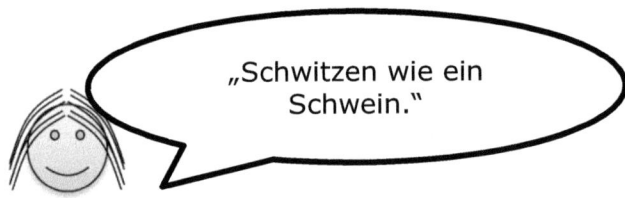

„Schwitzen wie ein Schwein."

76 *Die gesengte Sau*

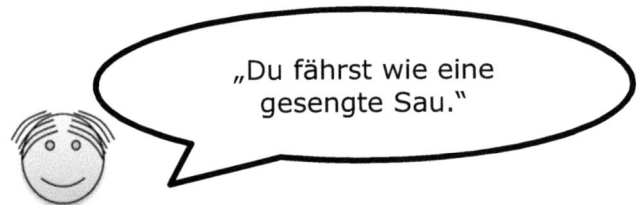

„Du fährst wie eine gesengte Sau."

Hier ist eine Person gemeint, die rücksichtslos und vor allem viel zu schnell mit dem Motorrad, Auto, Fahrrad oder E-Scooter durch die Gegend rast.

Aber was heißt genau ‚gesengte Sau'?

Beim Schlachten bezeichnet Sengen das Abbrühen der Schweinehaut. Der oben beschriebene Augenblick heißt, in glühend heißem Wasser in einem Bottich sitzen.

Ist es nachvollziehbar, dass dem nicht richtig betäubten Tier schlagartig unerträgliche Schmerzen zugefügt würden?

Wäre es dann zu verstehen, dass es mit rasender Geschwindigkeit versuchen würde, aus dem Bottich zu gelangen und im Eiltempo – im Schweinsgalopp – dem ungemütlichen Ort zu entkommen? Hätte es ein Fahrzeug, würde es rasen wie eine gesengte Sau.

Für vergleichbare Situationen steht die Formulierung:

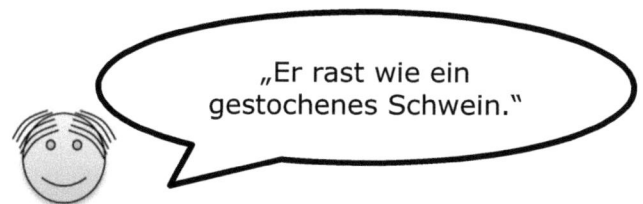

„Er rast wie ein gestochenes Schwein."

Das Stechen erzeugt Schmerz und lässt das Schwein wegrasen. In dieselbe Kategorie fallen folgende Aussagen:

„Er blutet wie ein gesengtes Schwein."

„Er schreit wie ein gestochenes Schwein."

Raffinesse

Zusammenfassend zeigt sich, dass das Schwein so dumm wie behauptet gar nicht sein kann.

Es hat erreicht, dass es domestiziert wurde und somit ein Zuhause hat. Gleichzeitig war jemand da, nämlich die Bauernfamilie – die sich um das Schwein kümmerte.

Es leidet keinen Hunger. Es wird regelrecht gemästet. Essensreste ohne Ende, und (früher) das, was die Wälder hergaben.

Einige Schweine können eine Familie – wenigstens einige Ferkel – großziehen.

Wenn der Mäster einigermaßen für das Tierwohl sorgt, achtet er auf tierfreundliche Haltung. Zumindest bis zur vorgesehenen Schlachtung soll es den Tieren gutgehen.

Also: Dummes Schwein oder intelligentes Schwein?

Dem Schwein mag es egal sein, wie über es gedacht wird.

„Das juckt doch keine Sau."

Was auch immer geschehen ist, es wird dem keine besondere Beachtung geschenkt. Das Geschehene ist so wenig wert, dass es noch nicht einmal die Sau jucken würde.

Abseits des Feinschmeckers

„Wir fressen einander nicht, wir schlachten uns bloß."
Georg Christoph Lichtenberg, dt. Physiker
(1742 - 1799)

„Ich fresse alles – Der Allesfresser."

Das Schwein ist physiologisch ein sogenannter Allesfresser. Das ist vorteilhaft für das Schwein, was die Futteraus-
wahl zeigt. Das Schwein ist nicht nur auf Fleisch oder
Grünzeug eingestellt. Nein es frisst alles – es ist der Allesfresser.

„Ein gutes Schwein frisst alles."

Damit kommt es weniger in Stresssituationen, sein Futter
betreffend. Die Auswahl und das Angebot sind viel größer
als beim spezialisierten Nahrungsaufnehmer.

Übrigens: Das Schwein hält seinen Fressplatz absolut sauber. Es beschmutzt ihn nicht.

Wie ist folgende Aussage zu deuten?

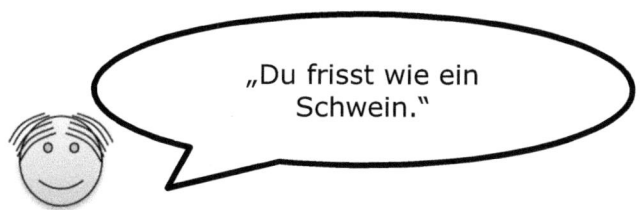

„Du frisst wie ein Schwein."

Heißt das, dass der Mensch ein Allesfresser ist? Trifft zu! Dass der Mensch selten in Stresssituationen aufgrund fehlender Lebensmittel kommt? Trifft zu! Dass der Mensch seinen Essplatz sauber hält? Sollte zutreffen!

Im Baseler Zoo, Schweiz, wurde beobachtet, dass Wildschweine ihre mit Sand verunreinigten Äpfel vor dem Genuss im Wasser ‚wuschen'.

Na, wenn das mal kein zivilisiertes Verhalten durchscheinen lässt. So ist der oben geäußerte Vorwurf, wie ein Schwein zu fressen, zu überdenken.

Eher fallen manche Menschen auf, denen alle Tischsitten abhandengekommen sein müssen. Sie stopfen sich sozusagen mit beiden Händen die Nahrung in den Mund. Vielleicht müsse die Aufforderung lauten:

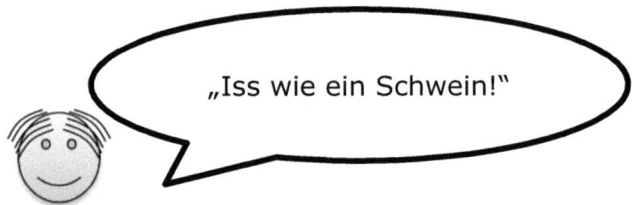

„Iss wie ein Schwein!"

Kulinarischer Genuss

Durch das vielfältige Fress-Angebot nimmt das Schwein schnell zu. Es frisst zu viel, so scheint es.

Nach wenigen Monaten zeigt die Waage stolze 100 Kilogramm.

Gleich ruft das bei Beobachtern und Kritikern folgende Reaktion aus:

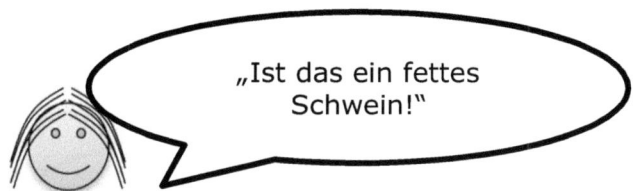

„Ist das ein fettes Schwein!"

Gut genährt klingt ganz akzeptabel. Doch ein Übermaß an Gewicht kann zu der abwertenden Bezeichnung ‚fettes Schwein' führen, was möglicherweise zutreffend ist, trotzdem aber beleidigend wirkt.

Eine Steigerungsform zum fetten Schwein zeigt die weibliche Variante:

81

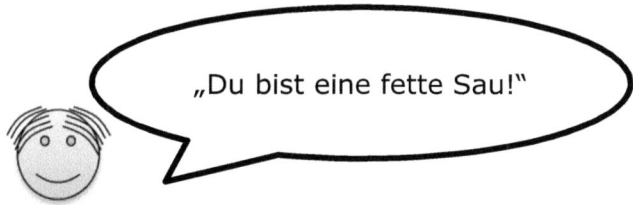

„Du bist eine fette Sau!"

Weshalb die weibliche Form der Beleidigung stärker als die männliche ist, lässt sich kaum nachvollziehen.

Es wurde beobachtet, wie Schweine (irrtümlich) Alkohol konsumierten. Sie können sich tatsächlich betrinken. Den beobachteten Tieren scheint die Trinkerei gefallen zu haben.

Dann passten auch die Redewendungen:

In diesem Zusammenhang sei der Reformator Martin Luther (1483 – 1546) zitiert, der, wie sich in Folge zeigen wird, über alles Mögliche gelästert hat:

„Wer voll wie ein Schwein und täglich ein Trunkenbold ist, der wird weder zum Beten noch zu anderen christlichen Dingen nützlich sein."

Gut, dass Schweine in der Regel keinen Zugriff zu Alkohol haben. Sie würden sonst dem Menschen immer ähnlicher werden …

Das gut riechende Schwein

Donatien François de Sade (1740 – 1814), französischer Schriftsteller, bemerkte:

„Der Lebenskünstler und der Feinschmecker wissen, ..."

„... dass man ein Schwein sein muss, um Trüffeln zu finden."

83

Schweine haben einen gut ausgeprägten Geruchssinn. So schaffen es einige, als Trüffelschwein erfolgreich unter der Erde wachsende Trüffeln zu erschnüffeln.

Andere werden zu Drogenspürschweinen ausgebildet. Sie stehen den Drogensuchhunden (Suchtmittelspürhund) in ihren Erfolgen in nichts nach.

Der Schweinemund

Der Italiener Pietro Boccadiporco (ca. 970 – 1012), war froh, dass er zum Papst gewählt wurde. Er nannte sich dann Sergius IV. Sein Name Boccadiporco gefiel ihm wohl nicht. Übersetzt lautet er nämlich: Schweinemaul.

🐷 Teil 3 – Das gewinnbringende Schwein

85

Das Schwein als Lieferant

Was hat das Schwein zu bieten?

„Das Messer blitzt, die Schweine schreien,
man muss sie halt benutzen,
denn jeder denkt: ‚wozu das Schwein',
wenn wir es nicht verputzen."
Heinrich Christian Wilhelm Busch, dt. Schriftsteller
(1832 - 1908)

„Das ist mir Wurst."

Ein Schlachtschwein bringt im Schnitt knapp 110 bis 120 Kilogramm auf die Waage, (im Jahr 2024). Das Bio-Schwein bis 135 Kilogramm.

In Deutschland wurden im Jahr 2023 rund 42 Millionen Schweine, im Jahr 2024 angeblich etwa über 44 Millionen, einschließlich der importierten Tiere, geschlachtet. Davon wurden 2023 ca. 4,2 Millionen Tonnen Schweinefleisch produziert.

Vegetarier und Veganer werden das schweinische Angebot verständlicherweise nicht nutzen. Ungeachtet dessen wurde das Schwein zum genialen Fleischlieferanten für den Menschen.

Bereits nach einem halben Jahr Lebenszeit wird das Schwein zur Schlachtbank geführt. Sein Lebendgewicht ist bis auf die erwähnten 120 kg gestiegen. Das Bio-Schwein darf 8 Monate bis zur Schlachtung leben.

Teil 3 – Das gewinnbringende Schwein

Ein Großteil vom geschlachteten Schwein, ca. 95 kg, findet sich in der Wursttheke und beim Fleischer wieder.

Das Schwein stirbt vor dem Schlachten

Schlachtschweine werden in der Regel mit Viehtransportern zum Schlachthof gebracht. Bedauerlicherweise geschehen auf dem Weg zum Ziel manchmal böse Unfälle.

Hier sind vier willkürlich zusammengestellte Unfälle von Transportern aus den ersten vier Monaten des Jahres 2025 aufgelistet. In allen Fällen sind die Fahrzeuge (aus verschiedenen Gründen) umgekippt.

Datum des Unfalls:	Zahl der Schlachttiere, die im Fahrzeug waren:	Davon sind so viele umgekommen:
25.01.2025	155	Mehrere
24.02.2025	162	Einige
03.03.2025	80	10
08.04.2025	700	600

Den sowieso schon gestressten Tieren wird einiges abverlangt. Wird das Schwein nicht geschlachtet und kommt es nicht bei Unfällen um, kann es 10 bis 20 Jahre alt werden.

Der Deutsche lebt von Wurst, Sauerkraut und Bier

„Ich weiß nicht, was mir mehr Wurst wäre."
Otto Eduard Leopold von Bismarck, dt. Reichskanzler
(1815 - 1898)

„Die beleidigte Leberwurst."

Dem Deutschen wird nachgesagt, sich überwiegend von Wurst, Sauerkraut und Bier zu ernähren. Nun, die Deutschen wissen, dass diese Verallgemeinerung nur als ‚Bild' zu sehen ist.

Wie wichtig Wurstprodukte im Leben der hiesigen Kultur zu betrachten sind, zeigt eine Auswahl von ‚wursttriefenden' Redearten.

„Es geht um die Wurst."

„Eine Entscheidung steht an. Die Wurst ist der Preis."

„Jemandem die Wurst vom Brot nehmen."

„Die Person wird geschädigt."

„Mit der Wurst nach dem Schinken werfen."

„Mit einer kleinen Gabe eine größere erbitten."

Neben Bratwurst, Salami, Brühwurst, Hackfleisch, Innereien, ergeben sich Braten, Steaks, Schnitzel, Filets, Koteletts, Bauchspeck, Bauchfleisch, Gulasch, Eisbein, Haxe, Spareribs, Schinken und anderes.

Was der hier lebende Mensch nicht mag, geht in den Export, zum Beispiel in den fernen Osten. Chinesen mögen beispielsweise Schweinefüße. Nur ein Teil der Füße wird hierzulande zur Herstellung von Gelatine für Sülze verarbeitet.

Schweinefüße heißen auch Spitzbein, Schweinefuß oder Pfoten.

Weiter oben wird Otto von Bismarck mit folgender Aussage zitiert:

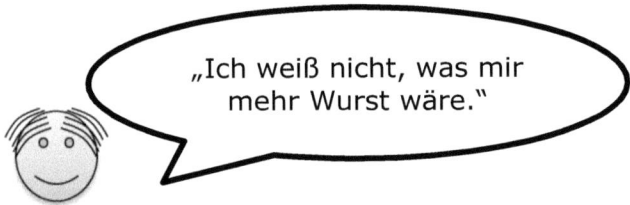

„Ich weiß nicht, was mir mehr Wurst wäre."

Die Aussage heißt, dass der sprechenden Person etwas vollkommen egal ist.

Früher kamen minderwertige Teile des Schlachttiers in die Wurst, sowie alle Reste und gegebenenfalls auch Teile, ‚vom Vortag'. Daher soll der Spruch stammen:

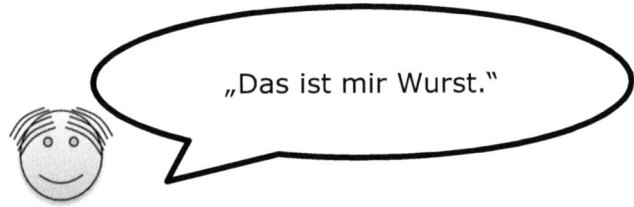

„Das ist mir Wurst."

Weshalb der Vergleich zu einer Leberwurst, die beleidigt ist? Nun, das liegt daran, dass nach früheren medizinischen Vorstellungen in der Leber der Sitz bestimmter Temperamente sei.

Sind aufgrund einer Auseinandersetzung bestimmte Temperamente unangenehm getroffen, können sie beleidigt sein. Deshalb die beleidigte Leberwurst.

Es geht um die Wurst

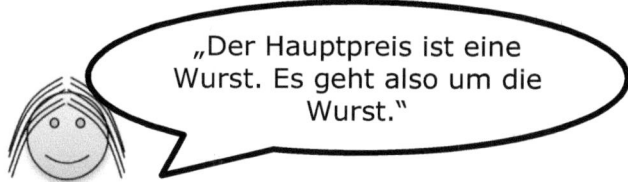

„Der Hauptpreis ist eine Wurst. Es geht also um die Wurst."

Im Gegensatz zu Bismarck, dem vieles Wurst war, war für viele Personen die Wurst etwas ganz Besonderes.

Wie an anderer Stelle erwähnt, gab es als Preis bei Wettbewerben oft etwas Wurstiges. Speziell für Menschen mit knappem Budget stellte eine Wurst als Preis – auch als Trostpreis – etwas Besonderes, fast ein Festessen dar.

Stand ein Wettbewerb an, ‚ging es um die Wurst'. Und die musste gewonnen werden.

Der Chef hält seinem Team eine Motivationsrede. Ein lukrativer Vertragsabschluss steht an. Jeder muss nun sein Bestes geben, um den Auftrag zu ergattern.

91

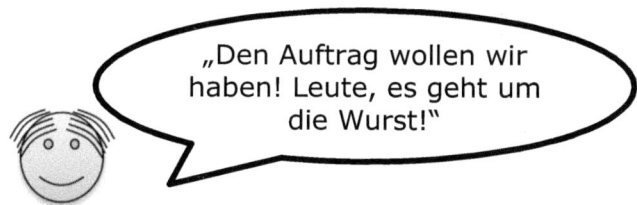

„Den Auftrag wollen wir haben! Leute, es geht um die Wurst!"

Die Wurst symbolisiert den ersehnten Erfolg.

„Weck, Worscht un Woi."

Weck, Worscht un Woi (Paarweck/Doppel-Roggenbröt-chen, Fleischwurst, Wein) werden zur Weinlese verzehrt, als kleines Gericht ‚einfach so', wobei die Wurst kalt oder warm serviert werden kann.

Oder sie wird genossen, wann immer Appetit auf eine ein-fach zubereitete rustikale Speisenkombination entsteht. Ein Messer braucht es nur zum Öffnen der Wurstpelle. An-sonsten genügen die Finger. Von der Hand in den Mund.

Im Mainzer Rosenmontagszug werden die drei Lebensmit-tel als Insignien an einem Kerwebäumchen (Kirchweih-baum, Kirmesbaum, Kerbebaum) – einer Stange – hier und dort zwischen den einzelnen Zugnummern getragen. Die Wurst als Ring, der Wein als Flasche.

Die drei Bestandteile stehen als Insignien für die Mainzer Fastnacht. Im Artikel 8 des – nicht ganz so ernstzuneh-menden – närrischen Grundgesetzes heißt es:

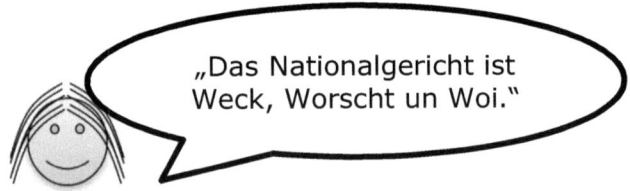

„Das Nationalgericht ist Weck, Worscht un Woi."

Verkündet wird das närrische Grundgesetz am 11. Novem-ber eines Jahres um 11:11 Uhr.

Geistige Tiefflüge

Im übertragenen Sinn bedeutet ‚Weck, Worscht un Woi' bei einem geschriebenen Text, dass es sich um einfache/anspruchslose Mundartliteratur (auch Dialektliteratur) handelt.

Sie zeichnet sich dadurch aus, dass sie die Mundart einer bestimmten Region verwendet.

Geistige Höhenflüge sind in solch einem Text nicht zu erwarten. Es geht eher ‚deftiger' zu, wobei viel gelacht werden soll.

Wurstblatt

93

Wöchentlich verteilt die Gemeinde ein ‚Käseblättchen' (Käseblatt, Wurstblatt) an die Gemeindemitglieder. Neuigkeiten, die die Gemeinde betreffen, werden dort detailliert beschrieben.

Für die Nachbargemeinden sind diese Informationen uninteressant, weswegen sie ein eigenes Wurstblatt produzieren und verteilen.

Eine – für den Rest der Welt – unbedeutende Lokalzeitung wird als Wurstblatt oder Käseblatt bezeichnet.

Der Name kommt vermutlich von der Überlegung, dass das bedruckte Zeitungspapier bestenfalls zum Einpacken von Wurst oder Käse verwendet werden kann.

„Curry und Wurst."

Angeblich hatte die deutsche Gastronomin (Imbissbetreiberin) Herta Charlotte Heuwer (1913 – 1999) am 4. September 1949 eine geniale Idee.

Sie befand sich in ihrem Imbissstand in Berlin und experimentierte mit ihren Zutaten. So soll sie mit der Mischung von Currypulver und Tomatenmark oder Ketchup den ‚Nerv der Zeit' getroffen haben. Die feurige Sauce kam dann über die geschnittene Wurst.

Ob sie wirklich die Erfinderin der Currywurst war, ist schwer zu entscheiden. Angeblich will ein Herr Peter Hildebrand aus Duisburg die Currywurst bereits im Jahr 1936 erfunden haben.

So oder so: Im Jahr 2018 sollen allein in Deutschland 800 Millionen Portionen Currywurst verkauft worden sein.

Ein besonderer Hinweis gilt dem Unternehmen VW in Wolfsburg. Dort sollen allein im Jahr 2021 unglaubliche 6,5 Millionen Portionen dieser Wurstzubereitung über die Theke gegangen sein.

Die Prager Teufelswurst

Diese besonders scharfe Bratwurst wird in Tschechien angeboten. In ihr ist genauso wenig Teufel verarbeitet, wie in der Bierwurst Bier. Es soll nur gezeigt werden, dass letztere zum Bier gut mundet.

„Ein Stückchen Fleischwurst für dich!"

Noch heute ist es üblich, dass sich die freundliche Fleisch-verkäuferin (heute: Fachverkäuferin im Lebensmittel-handwerk mit dem Schwerpunkt Fleisch) lächelnd über die Theke beugt, um dem die Mutter begleitenden Kind ein Gratis-Scheibchen Fleischwurst zum Verzehr anbietet.

Von klein auf werden somit Kinder auf die Wurst konditio-niert und die Mutter moralisch an diese Metzgerei gebun-den.

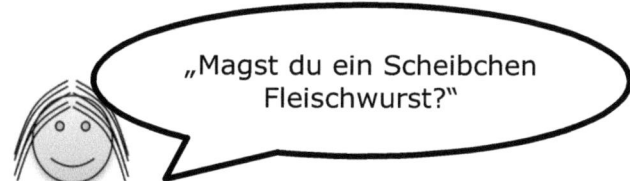

„Magst du ein Scheibchen Fleischwurst?"

95

Das Anbieten einer Scheibe Wurst für den Nachwuchs ge-hört zum guten Ton. Viele Kinder warten schon darauf, mit einem Leuchten in den Augen, bis sie das Stückchen Fleischwurst in der Hand halten.

Manchmal wird dem Kunden aktiv ein Stückchen Wurst-ware angeboten, um beispielsweise ein neues Produkt vor-zustellen. Der Kunde wird ‚auf den Geschmack gebracht'. Und zwar von klein auf.

Im kulinarischen Bereich genießt das Würstchen ein gutes Image. Im Sprachgebrauch rangiert es auf einem gesell-schaftlich schwächeren Rang.

„Heißes Würstchen aus Frankfurt oder Wien?"

Es wird angenommen, dass das Frankfurter Würstchen bereits seit dem 13. Jahrhundert genossen wird.

Seit dem Jahr 1890 ist das Frankfurter Würstchen als geographische Herkunftsbezeichnung geschützt. Seit 1929 dürfen Frankfurter Würstchen nur aus dem Frankfurter Raum stammen. Diese Regelung gilt für Deutschland und in Deutschland.

Das Frankfurter Würstchen ist eine Brühwurst mit 100 % Schweinefleischanteil. Die Haut – der Saitling – stammt vom Dünndarm des Schafs.

In der Regel wird das Würstchen paarweise angeboten. Wer die Wurstware verzehren möchte, gibt sie 8 Minuten lang in heißes Wasser. Nicht kochen, sonst platzt die Haut.

Genossen wird sie mit Senf. Generationen ‚quälten' sich bei Partys, Familienfesten, Geburtstagsfeiern und so weiter durch ‚Berge' von Kartoffelsalat und Würstchen.

Wiener Würstchen

Um das Jahr 1800 begab sich der Metzgergeselle Johann Georg Lahner (1772 – 1845) auf nach Wien.

Er fügte dem bekannten Wurstinhalt Rindfleisch hinzu.

Damit ‚erfand' er im Jahr 1804 das Wiener Würstchen.

Lustigerweise wird es in Österreich jedoch als Frankfurter Würstchen bezeichnet.

Ansonsten heißt es in Wien: ,Ein Würstel', wenn ein Paar Wiener Würstchen – also Frankfurter Würstchen – geordert wird. Üblich ist auch der Name ,Wienerle'.

Das Anhängsel ,chen' an die Wurst macht aus einem ,gestandenen' Nahrungsmittel ein dünnes, schmächtiges Würstchen, welches sich auch für ,zwischendurch' eignet.

Das beleidigte Würstchen

Wird Würstchen als Beleidigung oder als Schimpfwort eingesetzt, wird die betroffene Person als schwach, dünn, verletzbar betrachtet.

97

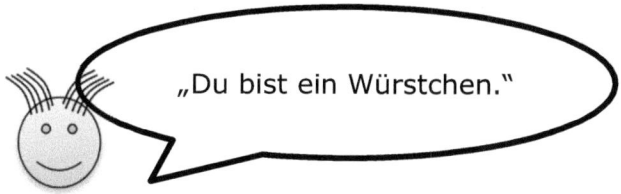

„Du bist ein Würstchen."

Solch eine Bezeichnung ist wahrlich nicht als Lob zu verstehen. Sinngemäß zeigt sie, dass die angesprochene Person bedauernswert ist. Sie ist unbedeutend, armselig, ja ahnungslos, worum es überhaupt geht.

Noch nicht einmal eine ,gestandene' Wurst, sondern nur ein lächerliches Würstchen.

Die Ehefrau zieht über ihren Ex-Ehemann her:

„Was ist der doch ein armseliges Würstchen!"

„Ich dummes Schwein habe fast zehn Jahre mit dem zusammengelebt!"

Das Ehepaar sucht einen Verkäufer zur Beratung. Hinten im Verkaufsraum steht eine Verkaufskraft.

„Der da hinten hat doch keine Ahnung, das arme Würstchen."

„Lass uns jemand anderes fragen."

Das Kleinkind hat kräftig gedrückt. Voller Neugierde und Stolz betrachtet es das kleine Würstchen, das es produziert hat. In den folgenden Jahren wird aus dem Würstchen eine Wurst.

„Ran an den Speck!"

Das ruft die Vorgesetzte am Ende des Meetings. Gemeint ist so viel wie: „Lasst uns anfangen!"

Der Speck ist sehr kalorienreich. Damit war er früher sehr begehrt.

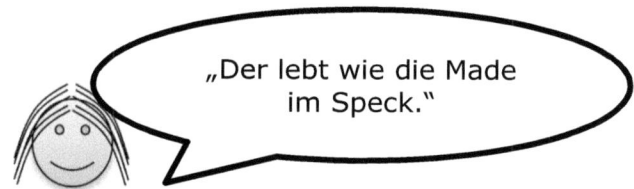

Das drückt aus, dass die Person umgeben ist von Reichlichem. Sie lebt im Wohlstand.

Das meint der Listige, wenn er jemanden ,in die Falle locken' will.

Er hält ihm eine verführerische Kleinigkeit vor die Nase, um anschließend zuschnappen zu können – zum Beispiel ein teures Produkt zu verkaufen.

So könnte der Angler erklären, dass er mit einem Wurm (Speck) einen dicken Fisch (Mäuse) fangen kann.

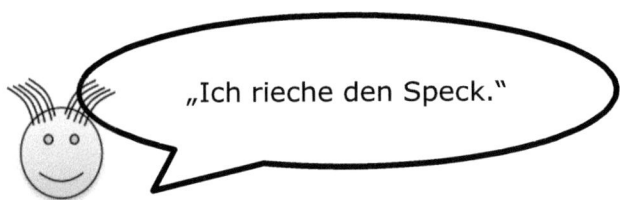

„Ich rieche den Speck."

Wenn jemand den verlockenden Speck (oder Braten) riecht, weiß er, dass eine Falle droht. Also: Aufpassen!

„Ist der dreckig und speckig."

Hier handelt es sich um einen Pleonasmus, eine Verdopplung eines Wortes mit ähnlicher/gleicher Bedeutung. Diese Verdoppelung verstärkt die Aussage.

Die Person/Sache ist ungewaschen, ungepflegt, erschöpft, auch leicht ekelerregend. Demnach ist sie nicht sehr begehrenswert.

Schmalz

Schmalz kommt aus dem Mittelhochdeutschen ‚smalz‘ für ‚schmelzen‘. Auch ‚smër‘ für ‚schmieren‘.

Das Schmalz genießt eine Nebenrolle im Bereich der schweinischen Schimpfwörter und Beleidigungen.

Ist etwas ‚schmalzig‘, ist es gefühlsbetont, schwülstig. Zum Beispiel wird von einem schmalzigen Schlager gesprochen.

Trägt jemand eine Schmalzlocke (oder Schmalztolle) gilt er als gefühlsbetont. Der US-amerikanische Pop-Musiker Elvis Aaron Presley (1935 – 1977) wird in dieser Kategorie gesehen.

101

Er gehört zu der Gruppe der Menschen mit ausgefallener Haarpracht.

Hat jemand ‚Schmalz im Ohr‘, fehlt ihm die Muskelkraft.

Ähnliches gilt für

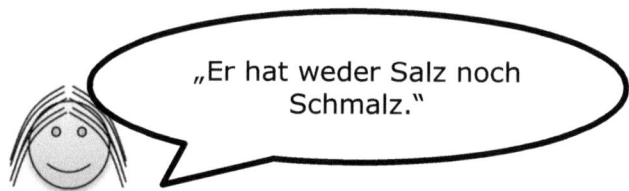

„Er hat weder Salz noch Schmalz.“

Das bedeutet: Er/es ist kraftlos/gehaltlos.

Gehirnschmalz

Der Lehrer begrüßt seine Schüler und Schülerinnen wie folgt.

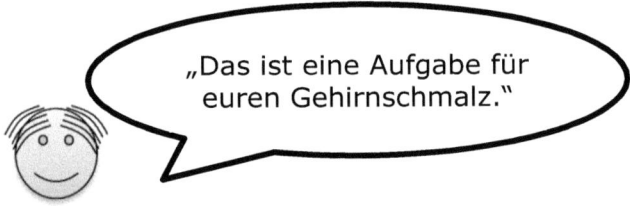

„Das ist eine Aufgabe für euren Gehirnschmalz."

Gehirnschmalz (Hirnschmalz) steht für das Gedächtnis beziehungsweise die Fähigkeit, (gut) denken zu können. Weiter bedeutet der Besitz von Gehirnschmalz eine vernünftige Verstandeskraft zu besitzen.

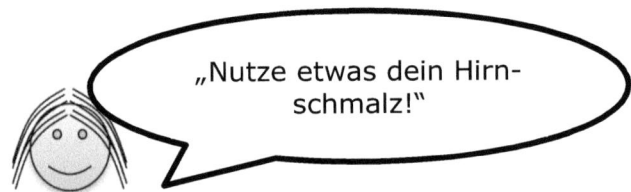

„Nutze etwas dein Hirnschmalz!"

So viel wie: „Denke intensiv nach." Die mentale Kraft ist gefordert.

Grips und Grütze stehen als Synonym für Hirnschmalz.

„Bei diesem Rätsel musst du ordentlich Hirnschmalz reinstecken."

„Der Schädel als Trophäe – Triumph über den Unterlegenen"

Vor wenigen Jahrzehnten ‚entdeckten' europäische Seefahrer die wunderschöne Insel Borneo. Heute gehört ein Teil der Insel zu Malaysia, der andere Teil zu Indonesien.

Bei der Erforschung der Insel kämpften sich die Eroberer durch den Dschungel und stießen bald auf die sogenannten Langhäuser der dortigen Bevölkerung.

Zu ihrem Schreck bemerkten sie aufgespießte Menschenköpfe auf der ‚Terrasse' entlang des Langhauses. Sie hatten Kontakt mit den Kopfjägern.

Kopfjäger und Kannibalen sind nicht dieselben. Es sind zwei verschiedene Gruppen von Menschen.

103

Kopfjäger ‚sammeln' Köpfe von Feinden – Fremde gehören zuerst einmal in die Kategorie Feind.

Manchmal wurde das Hirn verspeist, manchmal der Schädel als Trinkgefäß benutzt, manchmal wurde der Kopf zu einem Schrumpfschädel verarbeitet.

Bei einigen Völkern diente ein Schrumpfkopf als Abschreckung, bei anderen als Beweis der Männlichkeit, um in den Stand der Ehe treten zu können.

Die Entdecker mussten aufpassen, ‚nicht ihren Kopf zu verlieren'.

Der Schweinekopf mit der Zitrone in der Schnauze

Heutzutage muss weder der Schweinezüchter noch der Metzger auf die Jagd gehen, um einen Schweineschädel zu erkämpfen.

Früher wurde der präparierte Schweinekopf stolz auf dem Speisenbuffet oder beim Metzger in der Auslage präsentiert.

Mit einer halben Zitrone und einem Büschel Petersilie im Maul – das sah ansprechender aus.

Außer der Zunge und den Backen werden manche Bestandteile für die Herstellung von Sülze (Schweinskopfsülze) oder Wurst verarbeitet. Der Rest geht in den Export. Dasselbe gilt für die Schweineohren, die beispielsweise in vielen asiatischen Ländern als Delikatesse gelten.

In Norddeutschland findet sich ‚Snuten und Poten' gleich ‚Schnauzen und Pfoten' als Regionalgericht.

Das Schwein als Opfer, über das der Mensch triumphiert. Nicht nur, dass er das Schwein tötete, nein, er stellt dessen Kopf als Trophäe aus.

Es wird eindeutig bildhaft gemacht, wer der Stärkere ist.

„Der Kopf ist ab."

Feinstes Schweineleder

*„Das ganze Leben hindurch
muss man seine Haut zu Markte tragen,
und andere gerben sich daraus ihr Leder."*
**Guido Peters, österr. Komponist
(1866 - 1937)**

„Die Haut zu Markte tragen."

Die Schweinehaut, zu Leder gegerbt, ist im Handel begehrt. Sie findet sich weiterverarbeitet in Handtaschen, Gürteln, Lederjacken, Geldbörsen, Koffern, Büchereinbänden, Sofabezügen, Schuhen und verschiedenen Accessoires.

Ein Teil der Knochen oder andere Rohstoffe werden für kosmetische Produkte verwendet, wie Lippenstift und Make-up.

105

Insulin aus der Bauchspeicheldrüse, sowie andere Substanzen werden für die Medikamentenproduktion gebraucht.

Sogar Herzklappen und bald auch komplette Herzen und Nieren bietet das Schwein.

Da Schweinehaut eine ähnliche Struktur wie Menschenhaut besitzt, kann sie dem Menschen bei Verbrennungen transplantiert werden.

Dadurch werden nicht nur Menschenleben gerettet, sondern auch zahlreiche Arbeitsplätze gesichert. Letzteres wiederum dient der Wirtschaft.

Früher wurden Schweinedärme ‚kunstvoll' zu Kondomen verarbeitet. Verwendet wurden sie (aus Kostengründen) üblicherweise in adligen Kreisen.

Das Schwein ist des Menschen Glück

Nicht zu vergessen ist, dass das Schwein als Glücksbringer auftritt. Als Glücksschwein oder Glücksschweinchen, typischerweise aus Marzipan.

Sollte es dann mit seinem Freund, dem Schornsteinfeger erscheinen, verdoppelt sich die Wahrscheinlichkeit nach Glück.

Zuletzt soll betont werden, dass das Schwein deutlich in den kommunikativen Bereich des Menschen eingedrungen ist. Im positiven Sinn (Glücksschwein), meistens aber im negativen Kontext. Das Schwein hat diese Herabwürdigung nicht verdient.

Übrigens: Sagt jemand …

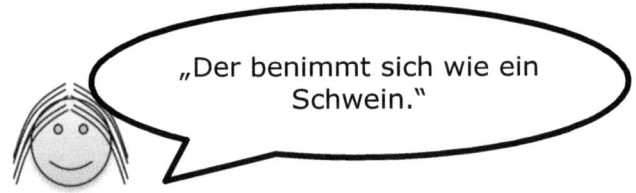

„Der benimmt sich wie ein Schwein."

… ist nicht sicher, ob das Verhalten des Ebers oder das der Sau gemeint ist.

Weiter ist die Aussage abwertend gemeint. Aber: Bei allem, was bisher über die Intelligenz des Schweins bekannt ist, könnte die Aussage eventuell sogar als verstecktes Lob betrachtet werden ...

Ist jemandem ein kleines Missgeschick passiert, hat er sich verrechnet oder eine einfache Wissensfrage nicht beantworten können, zeigt er seine ‚Dummheit' zum Beispiel wie folgt.

Er klopft sich mit der flachen Hand auf die Stirn und spricht gleichzeitig einen Tadel an sich gerichtet aus:

107

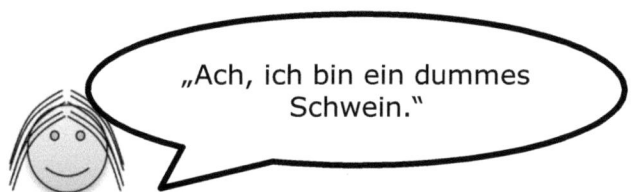

Würfelt jemand beim Brettspiel die begehrten zwei Sechsen, ruft er aus:

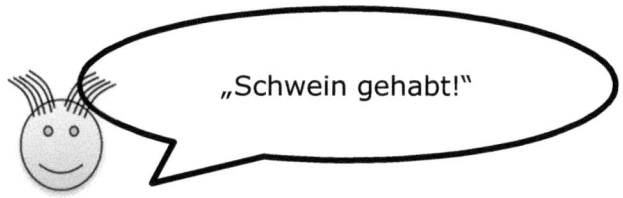

Das Schwein in Gold

Ludwig VIII. Landgraf von Hessen-Darmstadt (1691 – 1768) ließ um das Jahr 1750 Goldmünzen prägen, auf denen ein Schwein abgebildet war.

Die Münzen wurden Jagddukat, Saudukat, Schweinsdukat oder Eberdukat genannt.

Der Eberdukat wiegt 3,41 Gramm.

„Durch die Ducaten ...“

Auf der Rückseite findet sich rund um den Eber der Spruch:

„... ward ich verraten.“

Angeblich hatte 1 Dukat im Mittelalter einen Gegenwert, der heute ca. 1.000 Euro entspricht.

🐷 Teil 4 – Das verunglimpfte Schwein

109

Die Sau hält ihren Kopf hin

Abwertung, Beleidigung, Diskriminierung

„Es ist die äußerste Undankbarkeit,
wenn die Wurst das Schwein ein Schwein nennt."
Karl Kraus, österr. Schriftsteller
(1874 - 1936)

„Das Ergebnis war unter aller Sau!"

Als die Mutter das Zimmer des Sohns betritt, ruft sie erschrocken und entrüstet aus:

„Das ist ja der reinste Saustall hier!"

Der Schweinestall und der Saustall haben ein ausgesprochen schlechtes Image. Sie stehen für das Unordentliche, für Durcheinander für Unaufgeräumtes, für Schmutziges.

Im Zug der Emanzipation vergleicht die Mutter das unaufgeräumte Zimmer mit einem Saustall. In der Bedeutung sind Schweine- und Saustall dasselbe.

Geht der Abteilungsleiter durch die Geschäftsräume und weist seine Verkäufer und Verkäuferinnen darauf hin, die Verkaufsflächen sähen aus wie ein Schweinestall, ist sofortiges Aufräumen angesagt.

Schweinestall

Der Schweinestall wird häufig assoziiert mit Aussagen wie: stinkend, verschmutzt, überfüllt.

Im übertragenen Sinn wird eine unsaubere oder schäbige (Hotel-)Unterkunft Schweinestall, Dreckstall, Dreckloch oder Absteige genannt.

Tierische Verstärkungswörter

Immer wieder muss in der Kommunikation die bedauernswerte Tierwelt herhalten, um stellvertretend für den vorhandenen Wortschatz aktiv zu werden.

Manche tierischen vorangestellten Wörter, sogenannte Verstärkungswörter, beziehen sich auf Eigenschaften, die einem Tier nachgesagt werden.

111

Alle drei Aussagen sind positiv gemeint und werden positiv verstärkend eingesetzt. Die Frau ist so fromm wie ein Lamm – der Mann ist so stark wie ein Bär – die Tante ist fleißig wie eine Biene.

Bei einer guten Anzahl von Tieren funktioniert diese Kombination wunderbar:

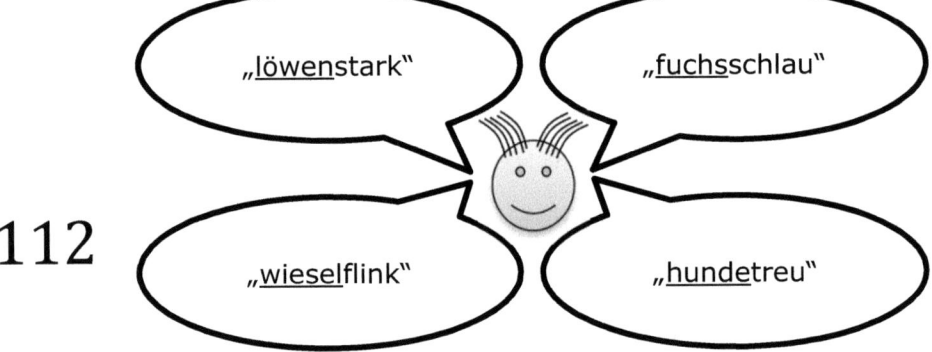

Interessanterweise passt diese Vorgehensweise nicht auf das vorangestellte ‚Sau'.

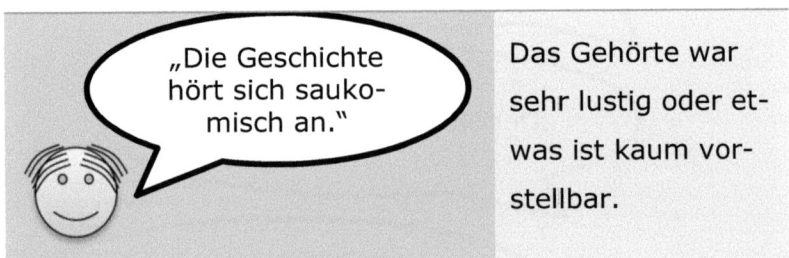

Analog der obigen Beispiele müsste die Geschichte komisch wie eine Sau sein. Die Sau ist aber nicht komisch.

Das zeigt jetzt den anderen Stellenwert der vorangestellten ‚Sau'. Sie dient (lediglich) der Verstärkung.

„Die Handschrift ist saumäßig."	Das Geschriebene, in diesem Fall die Handschrift, ist kaum lesbar.
„Das Monster ist saustark."	Entweder hatte das Monster übermenschliche Kräfte oder es zeigte sich bewundernswert.
„Die Hautcreme ist sauteuer."	Der Preis für die Creme ist extrem hoch, gegebenenfalls zu teuer.
„Heute ist mir saukalt."	Möglicherweise friert die Person, da es ihr extrem kalt ist.

Es ist nicht nur kalt, sondern eiskalt.

Jedenfalls liegt die empfundene Kälte über der üblichen, erwarteten Temperatur.

„Mein Mitschüler ist saudoof/sau-dumm."

Der Mitschüler zeichnet sich durch ausgesprochen wenig Intelligenz aus.

„Das Nachbarskind ist saufrech."

Dem Kind fehlen moderne Umgangsformen. Es ist übertrieben aufmüpfig.

„Mir geht es saugut."

Die Person ist in ausgesprochen guter Stimmung.

„Die Hausaufgabe ist sauschwer."

Die Arbeit ist schwierig zu lösen. Etwas wiegt vom Gewicht her viel.

Oft zeigt die Beschreibung negativ Ausgerichtetes. Mit ‚saugeil' wird meist etwas ‚ungehörig' Positives gemeint.

Der/die Nachbar/in wirkt durch das gewählte Outfit erotisch stark anziehend.

Saudumm (ähnlich wie saukomisch) kann auch verwendet werden, wenn auf eine ungeschickte Situation hingewiesen wird, die möglicherweise sogar einen Lacher hervorrief.

115

Interessanterweise hat die Vorausstellung von ‚Sau' keinen Bezug zum Tier. Trotzdem verstärkt/unterstreicht sie die Aussage.

Bei ‚lammfromm' ist die Frau fromm wie ein Lamm. Bei ‚saukalt' ist die Person nicht etwa so kalt wie eine Sau.

Die Vorausstellung des Tiernamens steigert den zweiten Wortteil:

- Es ist kalt. Es ist mehr als kalt, nämlich saukalt.

In der Tabelle oben ist der zweite Wortteil ein Adjektiv. Das muss nicht immer so sein.

Verwendet jemand das Wort Affenschande, liegt sehr wahrscheinlich ein besonders verwirrender Missstand vor.

Das Sau-Nomen

Hier sind einige Beispiele, die Kombinationen von Tier und Nomen bilden.

116 Ausgesucht sind wieder solche, die sich der bedauernswerten Sau und des Schweins bedienen.

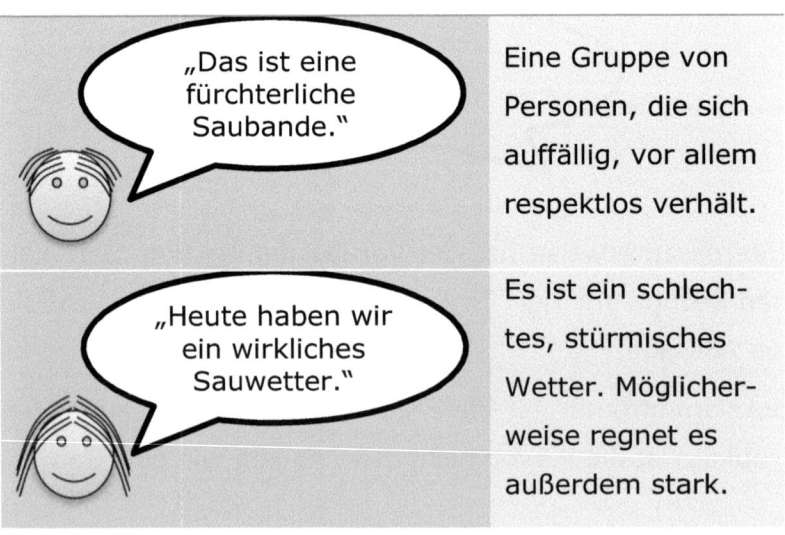

„Das ist eine fürchterliche Saubande."	Eine Gruppe von Personen, die sich auffällig, vor allem respektlos verhält.
„Heute haben wir ein wirkliches Sauwetter."	Es ist ein schlechtes, stürmisches Wetter. Möglicherweise regnet es außerdem stark.

„Nächste Woche ist mit Saukälte zu rechnen."	Die Außentemperatur fällt deutlich unter null Grad. Es muss sich warm bekleidet werden.
„Den Saufraß kannst du keinem Gast vorsetzen."	Offensichtlich wird hier von nicht genießbarem Essen gesprochen.
„Hier sieht es aus wie im Saustall."	Ein Raum oder ein Bereich, der nicht aufgeräumt ist. Alles ist sehr unordentlich.
„Was ist das nur für ein Sauhund?"	Gemeint ist ein durchtriebener, egoistischer, nicht vertrauenswürdiger Mann.

117

Den Schweine- beziehungsweise Sauhund gibt es tatsächlich. Dazu wird später detaillierter eingegangen.

„Das ist ein richti-
ger Schweine-
hund."

Der Bezeichnete
fällt durch sein un-
flätiges, rüpelhaf-
tes Verhalten auf.

Gibt es das Wort einmal mit ‚Sau' und einmal mit ‚Schwein', hat die erste Variante eine stärkere Bedeutung.

„Mein Lehrer
meint, ich hätte
eine Sauklaue."

Andere können die
Handschrift kaum
lesen. Eine Klaue
ist ein tierisches
Greiforgan.

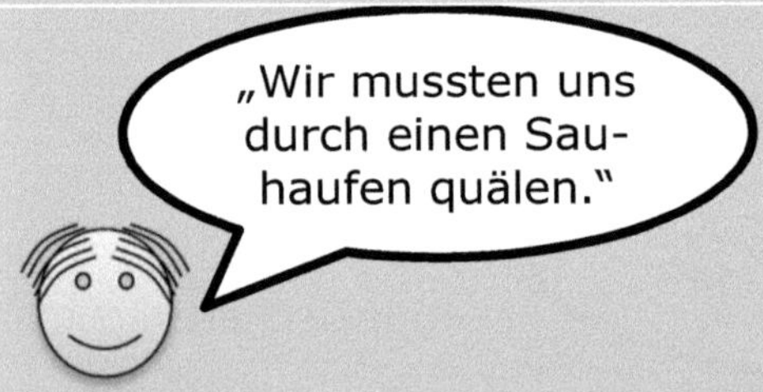

„Wir mussten uns
durch einen Sau-
haufen quälen."

Es herrscht ein
großes Durchei-
nander. Oder eine
unangenehm auf-
tretende Gruppe.

„Ich mag den
Schweineigel
nicht."

Ein Obszönitäten
erzählender
Mensch.

„Der hat ein Schweinegeld."	Die Person ist sehr reich beziehungsweise hat sehr viel Vermögen. Sie ist ‚stinkreich'.
„Das ist ein ekliger Sauhammel."	Die Person trägt stinkende Wäsche. Ein schmutzig gekleideter Mensch.
„Der Saukerl hat wieder seine Ehefrau geschlagen."	Der Mann hat seine Muskelkraft an der Frau austoben lassen. Eine aggressive Person.
„Die Saubacke gehört in den Knast."	Eine Person, die Übles angestellt oder jemanden geschädigt hat.

119

Auffallend, dass es offensichtlich mehr Schimpfwörter gibt, die mit der weiblichen Bezeichnung ‚Sau' beginnen.

Das ‚Schwein‘ taucht seltener auf. Der ‚Eber‘ oder die ‚Wutz‘ bekommen gar nichts ab.

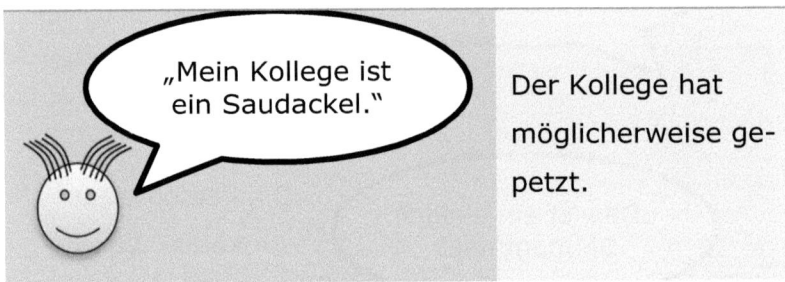

„Mein Kollege ist ein Saudackel.“

Der Kollege hat möglicherweise gepetzt.

Ein Dackel mit seinem treuen Dackelblick erzeugt eher Sympathie. Auf einer virtuellen Hundeliste würde er Wohlwollen und Zuneigung erfahren. Der ‚treue‘ Hund, der typisch und Vorurteile bestätigend, in die hiesige Kultur passt.

Trotzdem schaffte der Dackel es hier auf die Liste der negativen Bedeutungen, nämlich als Saudackel, der sich verachtenswert verhalten hat.

Gleichzeitig wird die genannte Person ‚kleingemacht‘, einem Dackel gleich. Der Dackel hat eine Schulterhöhe von nur 25 bis 35 Zentimeter.

Es wird nicht etwa ein Vergleich zu einem größeren Tier gezogen, beispielsweise zu einem Saubernhardiner (das Wort – und damit auch das Tier – existiert nicht).

„Mein Häschen – Schmeicheleinheiten."

Tiernamen finden sich oft auch als Kosenamen. Bevorzugt werden hier kleine Tiere oder die Verkleinerungsform von großen Tieren. Nicht nur Verliebte betiteln ihr Gegenüber zum Beispiel als:

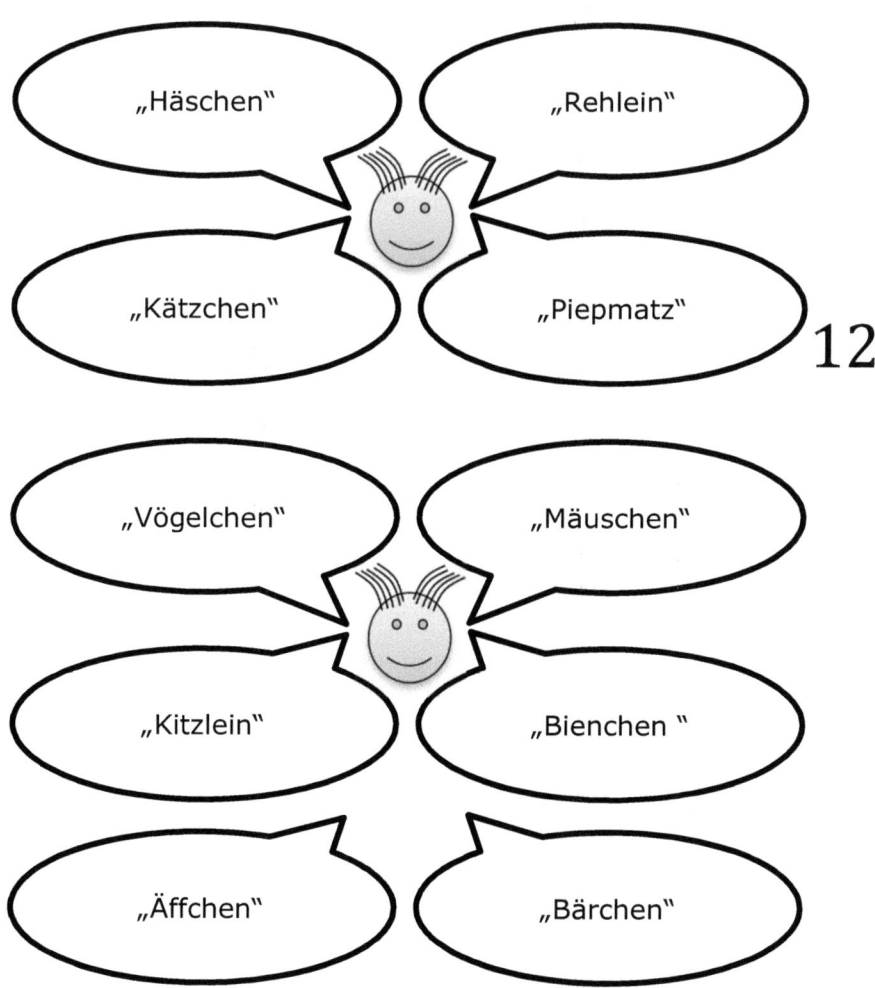

121

Selbst bei kleinem Tadel hört sich die Verkleinerungsform bei weitem nicht tragisch an. Gerade so, dass ein gedachtes ,na, na' zu hören ist, gegebenenfalls mit einem Lächeln verbunden.

Und ganz eventuell ein schelmisches Drohen mit dem Zeigefinger.

Die Auswahl des Spar-Schweinderls

Die Sympathie gilt auch für Formen wie Schweinel oder Schweinderl.

Beim verkleinerten Tier scheint eher liebevoll miteinander umgegangen zu werden.

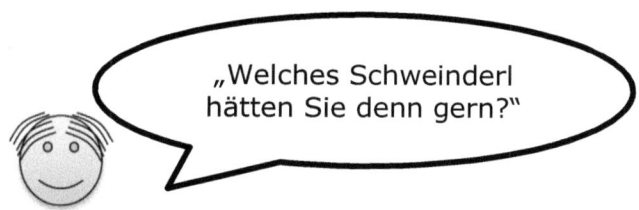

„Was bin ich?" 123

Der deutsche Quizmaster Robert Emil Lembke (1913 – 1989) fragte seine Gäste in der Show ‚Was bin ich?' zu Beginn der Sendung nach ihrem Sparschwein-Wunsch.

Der Gast wählte dann eines der fünf bunten Sparschweinchen aus – sie waren blau, rot oder grün bemalt –, die während der Sendung nach und nach mit 5-Mark-Münzen gefüllt wurden.

Der Beruf des Studiogasts sollte durch ein Team erraten werden.

Eine Riesensumme war nicht zu erwarten, maximal 50 D-Mark. Trotzdem hatte die Sendung einen sehr guten Erfolg.

Schweinel oder Schweinderl

Schweinel oder Schweinderl klingt jedenfalls harmloser und freundlicher als Schwein. Fast wirken die beiden Wörter sympathisch.

Eine verniedlichte Sau ist ein Säule, im Schwäbischen zu finden, auch Seile genannt. Säule klingt harmlos und eignet sich nicht wirklich als Beleidigung.

Wer könnte einem ‚Säule' böse sein, wird es einer ‚Sau' gegenübergestellt?

In der schwäbischen Region finden sich auch das Suggale oder Suggele, das kleine Schwein. Die Sugglliese ist übrigens die ständig kleckernde Frau.

Übrigens: ‚Liese' ist bereits eine Diskriminierung (lat. ‚dis' für ‚entzwei' und ‚credere' für ‚vertrauen'), zumindest (humorvoll) abwertend. So gibt es beispielsweise die Mecker-Liese, Schnatter-Liese, Trödel-Liese, Zimper-Liese, Bummel-Liese und so weiter. Daneben findet sich die Liesel-Sau und die Strickliesel, zur Anfertigung einer Strickschnur.

Wird von Sucke gesprochen, ist ein altes Schwein und damit auch eine alte weibliche Person gemeint.

Der Suggler hat schlechte Tischmanieren, weil er oft kleckert. Von der Schweinebezeichnung Suggle leitet sich suggla ab, für kleckern und sabbern.

Böse Beleidigungen

„Des Teufels Sau."
Martin Luther, dt. Reformator
(1483 - 1546)

„Ich bin des Teufels Sau."

Nach einigen Jahren in der Partnerschaft mag es mit den Kosenamen anders aussehen. Tierbezeichnungen ausgewachsener Tiere passen nun gut als Beleidigung.

Oder, noch schlimmer, mit vorangestellter Eigenschaft.

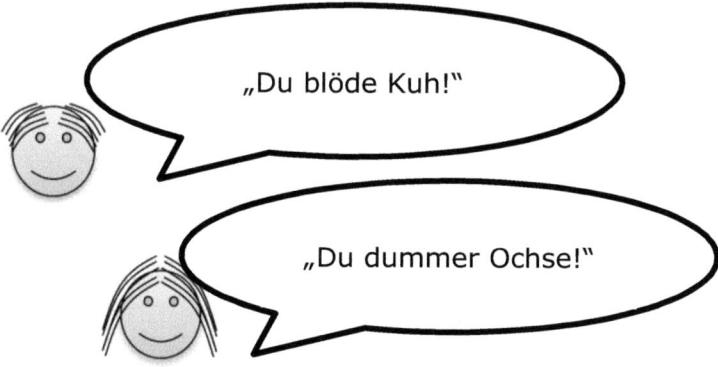

Kein Wunder, dass das Schwein nicht ausbleibt.

Das Hängebauchschwein verrät schon in seinem Namen, dass es sich durch einen tief hängenden Bauch auszeichnet. Damit hat es bestimmt eine schwere Last mit sich herumzutragen.

Es gehört übrigens, trotz seines raumfassenden Aussehens, zur Gruppe der Minischweine.

Welch ‚geniale' Beleidigungsform lässt sich hier finden.

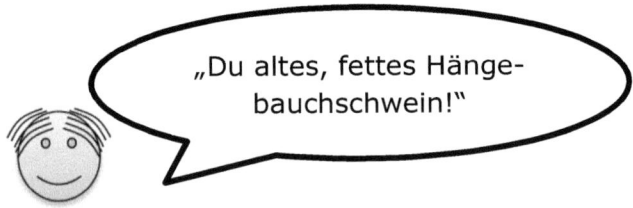

Wobei bei dieser Beleidigung zusätzlich eine Diskriminierung älterer Menschen vorliegt.

Oder, als Beleidigung, ganz banal und abwertend:

Und noch kürzer und zeitsparender:

Oder, wie wäre es mit dieser genialen Kombination, bei der die Sau und das Schwein gleich ‚wohlwollend' berücksichtigt werden?

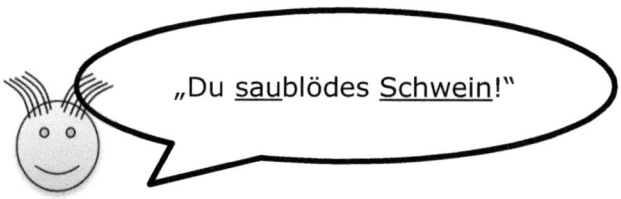

„Das unverschämte Lügenmaul."

Es ist fast nicht zu fassen, welche Meinung der immer wieder (hoch-)gelobte Reformator Martin Luther (1483 – 1546) über den Papst hatte. Die Überschrift ist eine Formulierung, die Luther zum Papst vertrat.

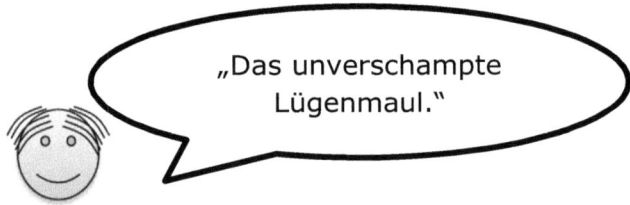

Luther hat das nicht nur gedacht, sondern publiziert.

128 *Das verblendete Teufelschwein*

Und das Zitat ist ebenso Luther zuzuschreiben. Er meinte, der Papst sei ...

Das klingt nach hartem Tobak. In dieser krassen Form würde trotz aller nachlassender Umgangsformen heute ein Papst kaum von einer in der Öffentlichkeit stehenden Person verbal angegangen.

Der Sauritt

Tatsächlich lässt sich auf einem ausgewachsenen Schwein reiten. Sofern das Schwein den Reiter nicht abwirft. Freya ritt ja auch auf einem Eber (siehe Prolog).

Im Jahr 1545, einige Jahre nach den fürchterlichen Bauernaufständen, kreierte der deutsche Maler Lucas Cranach der Ältere (1472 – 1553) eine Vorlage für eine Zeichnung in einem Flugblatt.

Titel: Der Sauritt. Zu sehen ist ein galoppierendes Schwein, auf dem der Papst reitet.

Gehören Beleidigungen heutzutage zum guten Ton?

129

Bei Drucklegung dieses Buchs beschweren sich viele Menschen über die hässlichen Lügen, die selbst ranghohe Politiker täglich über die Medien verbreiten.

Beleidigungen scheinen für einige zum ,guten Ton' zu gehören. Selbst bei Kränkungen scheint es noch Stufen von ,gerade noch akzeptiert' bis hin zu ,unmöglich' geben.

Der ,Depp' ist nach wie vor etwas anderes als ein ,A*loch'.

So neu scheinen Beleidigungen gar nicht zu sein. Mehr als 500 Jahre zurück gab es solche verbalen Übergriffe und verunglimpfende Darstellungen auch schon. Historische Quellen belegen und offenbaren das.

„Gibt es Schweine im Parlament?"

In einem Parlament soll geredet werden. Das Wort ‚Parlament' kommt aus der französischen Bezeichnung ‚parlement', was für ‚Unterredung' steht.

Ein Besuch in einem der höchsten Repräsentantenhäuser der Demokratie, dem Deutschen Bundestag, zeigt, dass die Kommunikation manchmal ruppig und beleidigende Wörter hergibt.

Hier ein paar Beispiele einiger Politiker/Politikerinnen der vergangenen Jahre:

Bärbel Höhn (*1952) äußert sich zur Haltungsfläche von Schweinen:

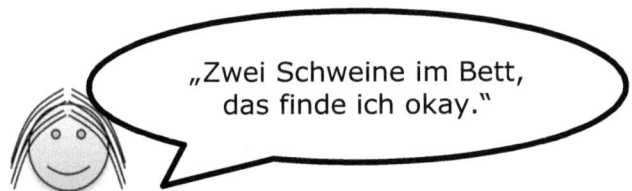

„Zwei Schweine im Bett, das finde ich okay."

Eine Reaktion darauf von Kirsten Tackmann (*1960): „Es ist schon erstaunlich, welche Konjunktur Schweine in diesen Tagen in der Öffentlichkeit haben. Das Schwein ist politisch in aller Munde."

Irmgard Adam-Schwaetzer, heute Irmgard Schwaetzer (*1942) wirft im Jahr 1992 Jürgen Wilhelm Möllemann (1945 – 2003) vor:

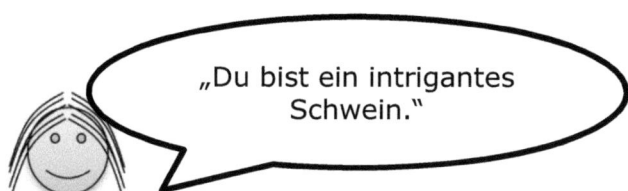

„Du bist ein intrigantes Schwein."

Richard Herbert Wehner (1906 – 1990) stellte dem Politiker Jürgen Wohlrabe (1936 – 1995) die rhetorische Frage:

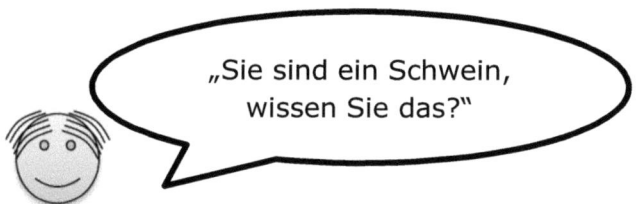

„Sie sind ein Schwein, wissen Sie das?"

131

Und ebenso von Herrn Wehner:

„Es gibt Würstchen in diesem Parlament, die sind den Mostrich nicht wert, ..."

„... den man auf sie streichen müsste, um sie genießbar zu machen."

Immer wieder wird gefordert, dass die im Bundestag vertretenen Politiker und Politikerinnen ein Abbild der deutschen Bevölkerung darstellen sollen.

Weshalb sollten sie dann nicht auch in ihren Beleidigungen ein Abbild geben? Wobei sich die hier aufgeführten Beispiele nur auf das Schwein beziehen. Andere Beleidigungen finden natürlich auch statt.

Zum Beispiel:

Trottel, Dummkopf, Hurensohn, Idiot, Lümmel, Übelkrähe, A*loch (unter anderen Joseph Martin ‚Joschka' Fischer, 1948, zum Vizepräsidenten Richard Stücklen, 1916 – 2002).

Von der ersten Sitzung 1949 bis zum Jahr 2019 wurde insgesamt im Deutschen Bundestag 114-mal das Wort Idiot/Idioten registriert.

Herbert Wehner sammelte in seiner politischen Laufbahn immerhin 57 oder 58 Ordnungsrufe im Deutschen Bundestag.

Es ist mit großer Wahrscheinlichkeit anzunehmen, dass der zwischenmenschliche Umgangston in den nächsten Jahren die bisherige Sammlung merkbar umfangreicher werden lässt.

Die aktuellen Geschehnisse (2025) und der teilweise stark unmenschlichere Umgang miteinander lassen darauf schließen.

„Saupreiß, damischer!"

Im sogenannten Deutschen Krieg beziehungsweise Deutschen Bruderkrieg kämpften im Jahr 1866 die Preußen gegen den Deutschen Bund (unter der Führung Österreichs), dem auch Bayern angehörte.

Die Preußen gewannen – die Bayern verloren.

„Die Saupreißn, die dreckigen!"

Vielleicht ist das mit ein Grund, weshalb viele Bayern auch heute noch Menschen nicht-bayerischer Herkunft abwertend als ‚Preiß' (auch Breiß, Plural Preiß(e)n), gleich ‚Preuße' bezeichnen.

Der Preuße – also Nicht-Bayer – gilt als Besserwisser und überheblich.

Kein Wunder, wenn ein Bayer eine Person, die er nicht leiden kann als …

„Saupreiß!"

133

... bezeichnet. Oder noch eine Negativ-Stufe höher als:

‚Damisch' bedeutet etwa so viel wie ‚dumm', ‚dämlich', ‚närrisch'.

Touristen, zum Beispiel die, die das Oktoberfest besuchen, die sich mit teurem Dirndl und Trachten bekleiden, sind die ‚Trachtenpreißn'. Es sind sogenannte Philobajuwaren, Verehrer der Bayern. Aus dem Griechischen ‚philos' gleich ‚Freund', ‚Verehrer'.

Heiratet ein Preuße einen Bayern oder umgekehrt, ergibt sich ein Bavareuße.

Neben der ‚Preußensau' gibt es Menschen aus dem Ausland, die ebenso mit dieser verallgemeinernden und zweifelhaften Bezeichnung bedacht werden.

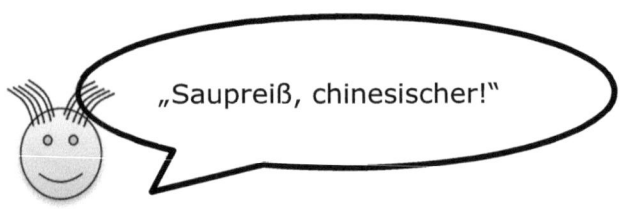

„Wird aus der Beleidigung eine Diskriminierung?"

Jeder Mensch ist etwas Besonderes. Unzählige Individuen bereichern die Gesellschaft und schaffen eine Vielfalt von Charaktereigenschaften.

Trotz aller Individualität sind vergleichbare Verhaltensmuster zu erkennen.

So scheint es in der Natur des Menschen zu liegen, andere hin und wieder schlecht behandeln zu müssen oder beleidigen zu wollen. Weshalb ist das so?

Will sich der Beleidigende durch sein Vorgehen in eine machtvolle oder machtvollere Position bringen? Oder will er den Beleidigten bewusst ‚nach unten' treten? Vielleicht doch beides?

Oder soll der andere vor Dritten bloßgestellt werden? Soll sich über ihn lustig gemacht werden, besser dazustehen?

Wie dem auch sei. Möglicherweise helfen Beleidigungen, Frust ‚abzulassen' und Stress abzubauen. Beide Überlegungen rechtfertigen Kränkungen noch lange nicht.

Die Beleidigung einer Person ist grenzwertig. In den meisten Fällen beleidigt <u>eine</u> Person <u>eine</u> andere. Bei den Hassnachrichten im Netz kann es sein, dass <u>mehrere</u> Personen unabhängig voneinander dieselbe Person beleidigen.

Viele beleidigen Viele

Nun gibt es auch noch die Variante, komplette Bevölkerungsgruppen zu beleidigen. Es bleibt nicht dabei, dass eine Person beleidigt.

Eine? Nein – der große Teil einer Bevölkerung beteiligt sich an der Diffamierung einer anderen Bevölkerungsgruppe.

Im Extremfall ziehen sich die Übergriffe über Generationen hin. Oft handelt sich bei den Beleidigten um ,Randgruppen' der Gesellschaft, die aufgrund ihres Verhaltens, ihrer sexuellen Einstellung, ihrer Religion, ihrer Herkunft und so weiter abwertend bis übergriffig behandelt werden.

Folgendes Beispiel zeigt eine Extremsituation aus der Realität:

Um die hier beschriebene Bevölkerungsgruppe nicht zu diskriminieren, wird sie in diesem Text bewusst nicht benannt. Das soll weiterer Diskriminierung vorbeugen.

Ja, eine komplette Bevölkerungsgruppe wird durch bösartige Unterstellung diskriminiert und verunglimpft – und zwar seit Jahrhunderten.

Sogar die Kirchen betätigten sich seinerzeit an diesem beklagenswerten Vorgehen.

Noch heute zeugen Säulen, Reliefs und Wandbilder an einigen Kirchen, wie die Vorurteile zu dieser Gruppe angeheizt wurden – über Jahrhunderte hinweg.

Die steinernen Zeugen zeigen seit dem Jahr 1230 ein weibliches Schwein, das Menschen der diskriminierten Gruppe an den Zitzen saugen lässt. Zum Beispiel an der Stadtkirche Wittenberg.

Die betroffene Menschengruppe sollte öffentlich verspottet, verhöhnt und herabgewürdigt werden.

Die Beleidigungen gipfelten und gipfeln nach wie vor in Mord und Totschlag.

Zeigt es persönliche Stärke, aus dem vermeintlichen Schutz einer Gruppe andere (anonym) zu beleidigen? Manche Menschen würden sagen:

137

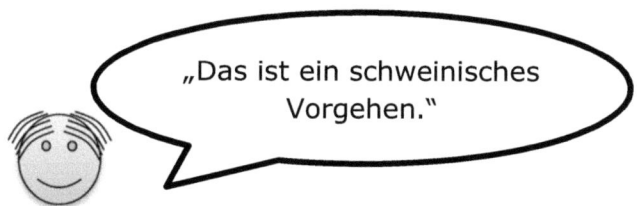

„Das ist ein schweinisches Vorgehen."

Es ist bisher unbekannt, ob sich Schweine beleidigen …

138

Teil 5 – Das schmuddelige Schwein

139

Ab in die Schmutzecke

Schmuddelkram und Schweinerei

„Besuche mich, wenn ich einmal allein bin,
Du fremde schöne und gewisse Frau!
Sei mir die ideal ersehnte Sau,
doch sage nicht von mir, dass ich ein Schwein bin."
Joachim Ringelnatz (Hans Gustav Bötticher), dt. Erzähler
(1883 - 1934)

„Das ist eine Schweinerei!"

In einer Tischlerei werden Tische hergestellt, in einer Konditorei arbeiten Konditoren. Und in einer Schweinerei? Leben dort Schweine oder werden solche dort verarbeitet?

Nein, die Schweinerei symbolisiert einen Zustand. Gemeint ist ein unordentlicher, schmutziger Zustand.

Der Begriff steht aber auch für eine ärgerliche Angelegenheit, für eine üble Machenschaft, für eine verwerfliche Handlung. Ja, letzteres umfasst sogar unzüchtige, erotisch fragwürdige, anstößige Handlungen.

Im 17. Jahrhundert gab es das Wort ‚schweinen', was bedeutete ‚sich wie ein Schwein benehmen'. Andere sagen:

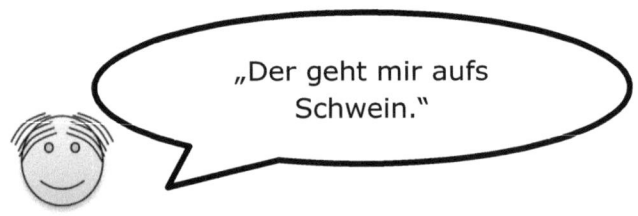

„Der geht mir aufs Schwein."

Sie meinen damit, dass die bezeichnete Person dem Sprecher auf die Nerven geht.

Das Schwein als Trostpreis

Das Wort Schweinerei soll aus der Studentensprache kommen. Auf dem Schützenfest wurde ordentlich gefeiert (so wie heutzutage) und einer musste als eindeutiger Verlierer aus dem Wettbewerb gehen. Er erhielt als Trostpreis ein Schwein, genauer gesagt ein Ferkel. Immerhin.

In der aktuellen Zeit gibt es kein Schwein als Trostpreis. Vielleicht aber einen Sachpreis oder einen Gutschein. Speziell Menschen, die nicht zu viel Geld hatten/haben, freuen sich über ein Stück verarbeitetes Teil vom Schwein, wie beispielsweise einen Schinken.

141

Kulinarische Schweinereien

Eine ‚Lebefrau‘ genoss gerne ein Gläschen (oder zwei) Champagner. Dieses edle Getränk gönnte sie sich oft. Dass sich Champagner nicht ‚einfach so‘ trinken und genießen lässt, ist bestimmt nachzuvollziehen.

Also gab es zum Getränk ein paar ‚Häppchen‘. Zum Beispiel Canapés, belegt mit Lachs, Schinken, Käse und wenn es sein musste, auch mal mit Kaviar.

Die Genießerin bezeichnete diese Häppchen augenzwinkernd als ‚kleine Schweinereien‘.

Schmatzen wie ein Schwein

Zeitgemäße Umgangsformen empfehlen ein gepflegtes Verhalten bei Tisch.

„Nit schnaude oder säuisch schmatz!"

Ungefähr: „Nicht schnaufen oder (wie eine Sau) Schmatzen." Dieser Satz stammt aus ‚Ein Tischzucht' aus dem Jahr 1534 vom Schumacher Hans Sachs (1494 – 1576).

Eine Tischzucht war (anfangs) eine Dichtung (später Prosa), die den ordentlichen Umgang bei Tisch beschreibt.

Das Wort ‚Tisch' steht dabei für ‚gedeckter Tisch'.

‚Zucht' wird verwendet für das richtige Benehmen bei Tisch.

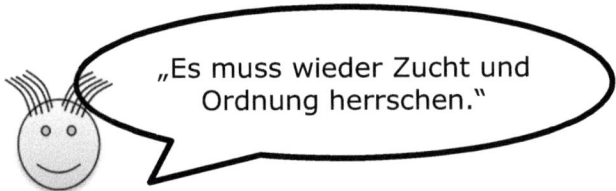

„Es muss wieder Zucht und Ordnung herrschen."

Es gehörte also schon vor 500 Jahren zum guten Ton, sich bei den Mahlzeiten ‚anständig' zu verhalten.

Das Schmatzen wie eine Sau gehörte nicht dazu.

Manch einer hat es in den vergangenen 500 Jahren immer noch nicht geschafft, sich bei Tisch erwartungsgemäß zu verhalten.

Sauerei und Ferkelei

Aus dem Wort Schweinerei wird die Sauerei und die Ferkelei abgeleitet.

Die Sauerei wird für eine negative Bezeichnung verwendet. Beispielsweise musste sich ein Betrunkener vor der Geschäftstür einer Boutique übergeben. Sein Erbrochenes ließ er zurück. Die Verkäuferin bezeichnet das als ‚Sauerei‘.

Wird von einer Ferkelei gesprochen, handelt es sich eher um ein harmloses Geschehen. Einem Kind ist das Glas mit Getränk umgekippt. Die Mutter benennt das beim Aufwischen als ‚Ferkelei‘.

143

Aus einer Schweinerei kann eine Riesenschweinerei werden oder eine Mordsschweinerei.

Solche Begriffe werden verwendet, wenn beispielsweise in solchem Maße betrogen wird, dass viele Menschen extrem geschädigt werden.

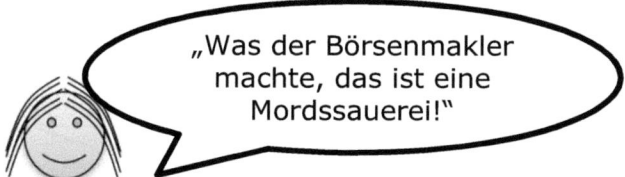

„Was der Börsenmakler machte, das ist eine Mordssauerei!“

Schweinkram

In der (damals) heißgeliebten Serie ‚ein Herz und eine Seele‘, in Episode 12 der 1. Staffel ‚Silvesterpunsch‘, Erstausstrahlung Silvester 1973, bereitet sich die Familie Tetzlaff auf den Jahreswechsel vor.

Beim Abendessen fischt Ehefrau Else, gespielt von Elisabeth Wiedemann, (dt. Schauspielerin, 1926 – 2015), eine Socke ihres Gatten Alfred, gespielt von Heinz Schubert, (dt. Schauspieler, 1925 – 1999) von dem Wohnzimmertisch, der als Esstisch dient.

Angewidert ruft sie aus:

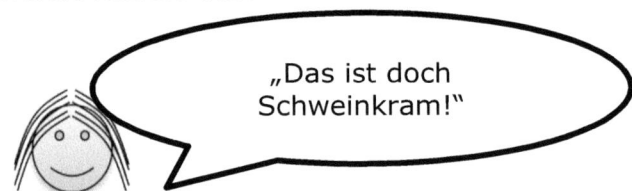

„Das ist doch Schweinkram!“

Der Drehbuchautor Wolfgang Menge (1924 – 2012) lässt in mehreren Szenen Alfred seiner Frau gegenüber eine tierische Beleidigung äußern:

„Du dusselige Kuh!“

Das hört sich nicht nach harmonischer Zweisamkeit an.

Schmuddelkram

Schweinkram steht für ‚Unanständiges‘ sowie für Schmuddelkram‘, womit häufig Anzügliches, Anstößiges, ja gar Pornographisches verbunden ist.

‚Schmuddel‘ ist schmieriger, klebriger Schmutz.

Als schmuddelige Kinder – als Schmuddelkinder – wurden früher die Kinder von Fabrikarbeitern genannt, oder von Familien, die in den sogenannten Mietskasernen lebten.

‚Steht etwas vor Dreck‘, ist etwas völlig ‚eingesaut‘ oder ‚versifft‘, passt die Beschreibung Schmuddel oder schmuddelig.

145

Wird jemand in die Schmuddelecke gestellt, wird er einer schwachen Gesellschaftsgruppe zugeordnet. Eine Gruppe, mit der niemand etwas zu tun haben möchte.

Ein Bereich, der ein schlechtes Image hat oder der einen Schandfleck in der Gemeinde bildet, gehört ebenso in die Kategorie der Schmuddelecke.

„Im übertragenen Sinn wird gegebenfalls auch die Amüsiermeile oder der Rotlichtbezirk benannt.

Unter den Begriff Schmuddelkram fällt auch die Zote. Eine Zote ist ein derber, obszöner, unflätiger Witz, der von vielen als abstoßend gesehen wird.

Die Sau rauslassen

*„Prozess: Eine Maschine, in die man als Schwein hineingeht,
um als Wurst wieder herauszukommen."*
**Ambrose Gwinnett Bierce, US-am. Journalist
(1842 - 1914)**

„Hier sieht es aus wie Sau."

Ein kleiner rhetorischer Unterschied mit deutlicher Auswir-
kung. Es heißt nicht, dass jemand aussieht <u>wie</u> <u>eine</u> <u>Sau</u>.
Sondern: Es sieht aus <u>wie</u> <u>Sau</u>. Im ersten Fall gibt es zusätzlich das Wort ‚eine' oder einen Artikel.

„Die Person sieht aus wie eine Sau", beschreibt eine Person, die vermeintlich Ähnlichkeiten mit einem Tier hat.

146   „Hier sieht es aus wie Sau", beschreibt eine Situation, in
der das Tier nicht in Erscheinung tritt.

„Es sieht aus wie
eine Sau."

„Es sieht aus wie
Sau."

Das ‚Ganze', was auf des Betrachters Auge einfällt, wird
als Sau bezeichnet. Nicht <u>eine</u> Sache, <u>eine</u> Person oder <u>ein</u>
Tier, sondern alles zusammen.

Das komplette Arrangement ist das, das bezeichnet wird
mit ‚wie Sau'.

‚Wie Sau' bedeutet etwas, das mit Staub/Ruß überzogen ist. Etwas ‚steht vor Dreck', ist ‚speckig', ist ‚schmierig', ‚starrt vor Schmutz'.

Wow, das ist ein Hammer. Was die Reinlichkeit betrifft, ist die Beschreibung kaum zu toppen.

Das komplett übermittelte Bild soll sich als total ver- schmutzt einprägen.

Das Gegenteil wird ausgedrückt durch:

147

Unter aller Sau

Der cholerische Chef beruhigt sich nach seinem Tobsuchts- anfall langsam. Die Mitarbeiter sind in Schweigen verfal- len. Nur einer tuschelt seinem Nachbarn zu:

Wenn ‚Sau' schon schlecht ist, auf einer Skala einen unteren Wert einnimmt, ist das Verhalten darunter demnach ganz, ganz unten. Also ist es sehr schlecht.

Wer sich unter aller Sau verhält, zeigt ein ausgesprochen schlechtes Benehmen, ein – nahezu – inakzeptables Verhalten.

Die wilde Sau spielen

Bevor sich der Chef beruhigt hatte, spielte er ‚die wilde Sau'. Der Mitarbeiter sagt zu seinem Kollegen:

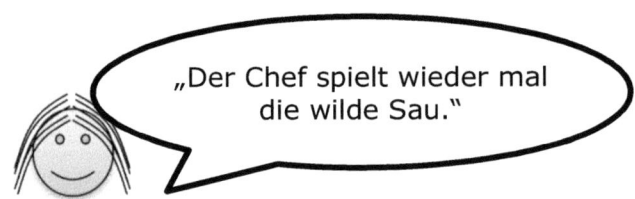

„Der Chef spielt wieder mal die wilde Sau."

Der Chef verhält sich cholerisch, schreit herum und macht verbal deutlich, wie schwach die abgelieferte Leistung der Mitarbeitenden ist.

Er schikaniert einen seiner Mitarbeiter, sein Team oder sogar mehrere Beschäftigte.

Er verhält sich unmenschlich und menschenunwürdig. Sein unkontrolliertes Verhalten und seine demütigende Kommunikation sind nicht mehr zeitgemäß – aber hin und wieder noch anzutreffen.

Die Sau rauslassen

Die Sau sollte unkontrolliert nicht aus dem Stall gelassen werden. Sie würde vielleicht weglaufen und gegebenenfalls verschwinden. Pech für den Besitzer. Sau weg – Wohlstand ade. Schade drum.

An anderer Stelle soll und darf die Sau rausgelassen werden.

„Auf der Party ließ er die Sau raus."

149

Er feierte ausgelassen und wie wild. Er ließ die Korken knallen und er ließ ordentlich Kulinarisches auffahren. Er protzte mit allem und knauserte nicht. Es wurde regelrecht ‚geaast' (Lebensmittel wurden verschwendet).

Er ließ die Sau raus.

Auf der einen Seite wird er wegen seines Verhaltens bewundert – aber meist nur mitfühlend belächelt.

Wird ‚etwas' übertrieben, ist das Handeln moralisch fragwürdig. Spätestens dann kippt die Sympathie.

Das Wort ‚dekadent' ist dann zu hören. Es kommt aus dem Lateinischen ‚decadens' für ‚hinabsinken', ‚verfallen'. Etwas wird zügellos, entartet, degeneriert.

Der Motor läuft wie Sau

‚Wie Sau' kann auch positiv eingesetzt werden. Der Nachbar hat sich ein neues, flottes, sportliches, PS-starkes Cabriolet gegönnt.

Voller Stolz poliert er die Scheinwerfer, als ein Bekannter vorbeikommt. Natürlich wird dieser genötigt, das neue Fahrzeug zu bewundern und ausgiebig zu loben.

Der Nachbar betont:

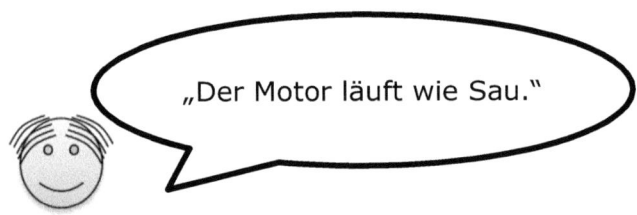

„Der Motor läuft wie Sau."

Gemeint ist, das Fahrzeug fährt ohne rucken und zucken, flott, geschmeidig und kraftvoll.

Die positiv empfundene Bedeutung dieser Redewendung unterstreicht, mit welcher Dynamik sich die beschriebene Sache/Veranstaltung entwickelt. Mehr und besser, als im Vorfeld angenommen.

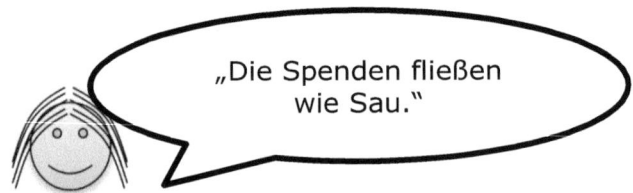

„Die Spenden fließen wie Sau."

Vor die Säue gehen

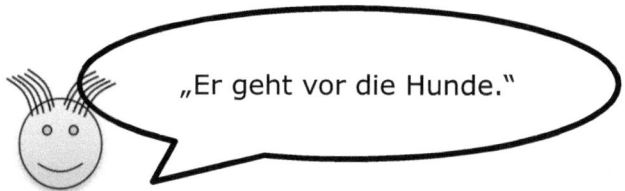

„Er geht vor die Hunde."

Das auf der Jagd angeschossene oder verletzte Schwein läuft ungewollt vor die Jagdhunde.

Das Tier geht ,vor die Hunde', wo es leicht zur Strecke gebracht werden kann.

Diese Redewendung wird auf das Schwein übertragen.

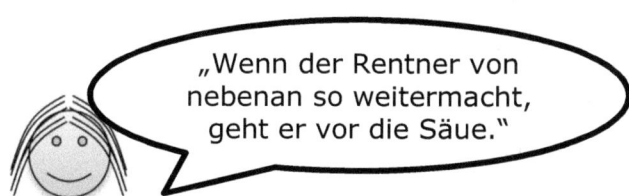

„Wenn der Rentner von nebenan so weitermacht, geht er vor die Säue."

Der Nachbar, seit einigen Monaten Rentner und leider neuerdings Witwer, hat sich seitdem intensiv dem Alkohol zugewendet.

Er geht kaum noch vor die Tür, rasiert sich nur noch unregelmäßig, ernährt sich überwiegend von gelieferter Pizza. Der Nachbar verkommt zusehends.

Er geht vor die Säue.

Das schweinische Spiel der Domina

*„Wenn es doch nur möglich wäre,
schweinisch zu leben, ohne ein Schwein zu sein."*
**Paul Nikolaus Cossmann, dt. Schriftsteller
(1869 - 1942)**

„Ich bin ein Schwein."

Die Domina (lat. ‚domus' für ‚Haus' gleich ‚Herrin des Hauses', pl. Dominas) schlüpft in eine dominierende Rolle, in der sie mit ihrem (meist) männlichen Kunden auf dessen Wunsch sadistische Handlungen vornimmt.

Sexuelle Handlungen, die viele Menschen als ‚Schweinskram' bezeichnen würden, reizt die devot (unterwürfig) veranlagte Person.

152

In einem vereinbarten Rollenspiel wird es heißen: „Mach mir den Hund" oder – um den schweinischen Bezug herzustellen – ...

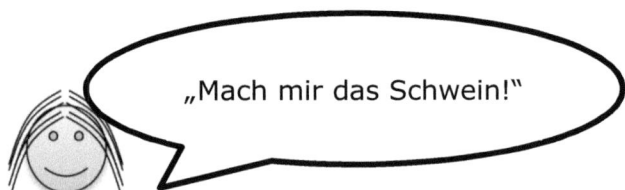

„Mach mir das Schwein!"

Dominas bieten an, ein Sklaven-Schwein zu bedienen oder ein Schwein im Schweinestall zu mästen.

Gelegentlich schlüpft die Domina in die Rolle der Metzgermeisterin oder einer Bäuerin.

Solche Pig-Plays bieten eine große Bandbreite an sexuellem Austausch. Eines ist bei allen Spielen gleich: Die Herrin des Hauses bestimmt und hat das Sagen! Der Gast befolgt jede Anweisung der Herrin.

Der seltener vorkommende männliche Gegenpart der Domina ist der Dominus (pl. Domini, ‚Herr des Hauses'). Hier zeigt sich ein Beispiel der Gleichberechtigung, dieses Mal für den Mann. Der Gast – oder die Gästin folgt den Befehlen des Hausherrn.

Ferkelei hinter verschlossener Tür

Nicht zwangsläufig muss auf die Hilfe Dritter zurückgegriffen werden, um eigene Bedürfnisse erfüllt zu bekommen.

153

In der sozialen Gesellschaft haben sich über Jahrhunderte Regeln und Normen entwickelt, sodass wohl jeder in einer Gesellschaft weiß, was als richtig oder falsch zu betrachten ist.

Dabei entstehen sexuelle Bereiche in einer Grauzone, die legales Handeln beinhalten, aber in der Öffentlichkeit trotzdem als Tabu gelten. Diese Aktionen wandern dann hinter verschlossene Türen, um dort ausgiebig praktiziert zu werden.

Jeder darf schließlich tun und lassen, was er will. Selbstverständlich nur solange, solange keine andere Person zu Schaden kommt.

Fast liebevoll wird bei bestimmten Praktiken von Schweinereien oder Ferkeleien gesprochen. Von diesen müssen
Freunde und Bekannte nicht unbedingt etwas wissen –
Fremde schon gar nicht –, es sei denn, es würde damit
geprahlt.

Das Schweinische, was dort geschieht, bereitet den Beteiligten Freude. Von unschönen Ausnahmen abgesehen, genießen die Mitwirkenden beglückende Momente.

So verschiebt sich die Aussage eines Beteiligten auf eine
ganz andere Ebene, wenn er strahlend sagt:

So sollen Lästerer und Neider erst mal …

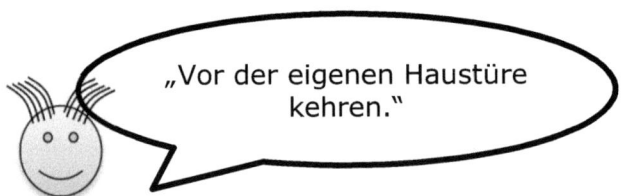

… bevor sie sich in die Angelegenheiten anderer mischen.

Verlockendes Angebot

„Wurst ist eine Götterspeise.
Denn nur Gott weiß, was drin ist.“
Jean Paul, Johann Paul Friedrich Richter, dt. Dichter
(1763 - 1825)

„Der Innere Schweinehund?"

Fast jeder Mensch lebt ganz einvernehmlich mit seinem eigenen Inneren Schweinehund zusammen.

An sich ist der Innere Schweinehund ein sympathischer Typ, da er seinem menschlichen Träger Tipps gibt, wie er sich das Leben einfacher, bequemer gestalten kann.

155

Diese oder vergleichbare Vorschläge wirken auf viele Menschen beruhigend und Stress abbauend. Das scheint gut zu sein.

Das hört sich alles wohlwollend und harmlos an.

Was machen schon 5 Minuten länger liegenbleiben aus? Na, vielleicht fehlen diese 5 Minuten dann gerade am Ende der Frühstückszeit, bevor es zur Arbeit geht.

Der Innere Schweinehund verlockt dazu, nachlässig zu werden. In dem einen oder anderen Fall mag das bestimmt nicht schlimm sein. Auf das komplette Verhalten bezogen, können die Vorschläge nachteilige Auswirkungen haben.

Besonders bei unangenehmen Aufgaben kommt der Innere Schweinehund mit seinen Vorschlägen gelegen.

Wer seinem Inneren Schweinehund – aus Bequemlichkeit – zu häufig nachkommt, dem wird oft eine gewisse Trägheit oder Willensschwäche vorgeworfen.

Die Bezeichnung Innerer Schweinehund geht auf den realen Schweinehund zurück.

Schweinehund und Sauhund

Ursprünglich wurde ein Schweinehund gebraucht, damit er die Schweineherde immer wieder zusammentreiben konnte. Ein Schweinehund wurde vor allem auf der Jagd nach Wildschweinen, der Sauhatz, eingesetzt.

Verschiedene Hundearten wie der Saurüde (ein Vorfahre der Dogge), die Dogge, der Windhund, der Bullenbeißer und andere wurden für bestimmte Aufgaben bei der Hatz (Jagd) gebraucht.

Sie hatten dann zum Beispiel die Funktion als Saufinder und als Saubeller. Ein trainierter Sauhund konnte ein Saupacker sein. Ihre Aufgabe geht aus dem Namen hervor.

Hauptsache, die Hunde gingen gezielt und furchteinflößend vor.

Neben der Jagd wird heutzutage die Bezeichnung ‚Sauhund' überwiegend negativ eingesetzt, wenn sich jemand wirklich über das Verhalten einer anderen Person geärgert hat.

So aggressiv und gnadenlos die Hunde damals eingesetzt waren, so aggressiv und gnadenlos geht jetzt der Mensch vor.

157

Selten wird der Ausdruck auch bewundernd verwendet, wenn jemand mit einem gerade noch legitimen Trick andere ausgetrickst hat.

Wird statt Schweinehund die weibliche Form Sauhund verwendet, handelt sich bei dieser Bezeichnung um eine böse Beleidigung.

„Du Schweineigel."

‚Igel' heißt in der englischen Sprache ‚hedgehog'. Zurück übersetzt ins Deutsche heißt das ‚Heckenschwein'.

Der Igel kann <u>rhetorisch</u> mit einem Schwein gleichgesetzt werden.

An anderer Stelle wurde bereits auf den Schweineigel hingewiesen. Er ist ein Mensch, der Obszönitäten äußert.

Aus dem Substantiv Schweineigel kann das Verb schweineigeln gebildet werden. Es steht meist für unflätiges Verhalten.

158 Weiter kann das Nomen Schweineigelei geformt werden. Es steht für übertriebene sexuelle Freizügigkeit.

Unter Umständen soll der Schweineigel stellvertretend für das Stachelschwein stehen.

So ergibt sich eine interessante ‚Verwandtschaft' zwischen Igel und Schwein.

Stachelschwein

„Ein Stachelschwein, ein Stachelschwein,

das muss ein Schwein mit Stacheln sein,

doch hat es keine Stachelein,

so ist es auch kein Stachelschwein."

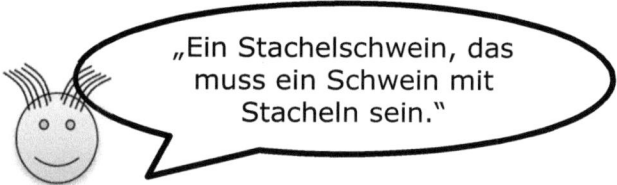

„Ein Stachelschwein, das muss ein Schwein mit Stacheln sein."

Im Jahr 1851 veröffentlichte der deutsche Philosoph Arthur Schopenhauer (1788 – 1860) die Parabel namens ‚Die Stachelschweine'.

Aus dem Inhalt: Es ist kalt. Die Stachelschweine rücken zusammen, um sich gegenseitig zu wärmen. Mit ihren Stacheln pieken sie ungewollt ihre Nachbarn. Je näher die kommen, desto mehr piekst und schmerzt es.

159

Also rücken sie wieder etwas nach außen weg, ohne dass es ihnen zu kalt werden darf. Es muss die akzeptable Distanz gefunden werden, wie nahe/fern die Stachelschweine zueinander liegen.

Igel-Dilemma

In der Psychologie wird bei diesem Nicht-zu-weit und Nicht-zu-nahe von einem sogenannten Igel-Dilemma gesprochen.

Das Dilemma (gr. ‚dilemma' für den Zwang, zwischen zwei ungewünschten Alternativen wählen zu müssen) sagt, dass die eine Variante (zu nahe) nicht gut ist.

Die andere Variante (zu weit) allerdings auch nicht.

Die Person gerät in eine Zwickmühle. Egal, wie sich die Person verhält, beide Alternativen sind schlecht. Genau das ist das Dilemma.

Wird die Parabel auf das Zwischenmenschliche übertragen, ist auch hier zu sehen, wie die räumliche, aber auch die gedankliche Nähe zueinander ausbalanciert werden muss.

Wie nahe (‚intim') darf ein Arbeitskollege werden? Wie fern darf er sein (zum Beispiel Home-Office), ohne dass die soziale Nähe verloren geht?

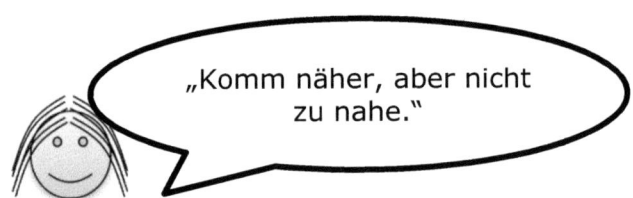

„Komm näher, aber nicht zu nahe.“

Übrigens: In Berlin gibt es ein Kabarett Theater ‚Die Stachelschweine', gegründet 1949.

Sie pieken mit ihren Beiträgen die Zuhörenden und die, über die sie sich lustig machen.

Dabei darf eine imaginäre Grenze nicht überschritten werden, um nicht straffällig zu werden.

Das misslungene Verkaufsgespräch

„Was ist der Mensch? Halb Tier, halb Engel."
Joachim Lorenz Evers, dt. Schriftsteller
(1758 - 1807)

„Wie du mir, so ich dir."

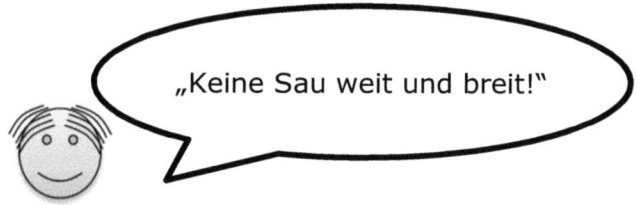

„Keine Sau weit und breit!"

Der Vertriebsmanager schildert seiner Chefin die Begegnung mit dem Kunden bei der Verhandlung.

„Ich wurde in einen saugeil ausgestatteten Konferenzraum gebracht. Die nächste Viertelstunde habe ich kein Schwein mehr gesehen. Nach 15 Minuten erschien die Delegation, arrogant und saustark aufgeplustert. Linkisch lächelnd hörten sich die Schweinehunde mein Angebot an.

Dann unterbrach die blöde Schweinebacke von Verhandlungsführer. Er forderte doch glatt 20 % Rabatt sowie mehrere Sonderleistungen.

Wir haben doch keine eierlegende Wollmilchsau! Ich stand saudumm da. Ich glaub, mein Schwein pfeift! So ein blöder Sauhaufen! 20 % Rabatt! Das ist schweineviel Geld! Wie sollen wir das machen? Das ist eine echte Schweinerei, wie die mit mir umgegangen sind."

161

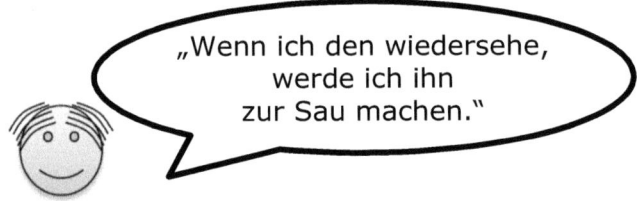

„Wenn ich den wiedersehe,
werde ich ihn
zur Sau machen."

Die Chefin bleibt ganz ruhig und besonnen. Sie versucht, diese Ruhe auf ihren Verkaufsmanager zu übertragen.

Sie meint:

„Das war bestimmt alles sehr unangenehm. Aber jetzt heißt es erst einmal:
Ruhig Blut bewahren."

Und weiter:

„Lassen Sie uns überlegen,
..."

„„... wäre es nicht sinnvoller, Kunden
nicht etwa als Schweine zu betrachten,
sondern als wertzuschätzende und
gleichwertige Gesprächspartner?"

Sie ergänzt:

„Wer mit Schweinen handelt, muss sich nicht wundern, im Ergebnis eine Schweinerei zu erzielen.“

Die Chefin beruhigt den Vertriebsmanager. Sie schlägt vor, dass sie selbst mit dem Kunden reden würde.

Wie es in den Wald hineinruft …

Bekanntlich heißt es:

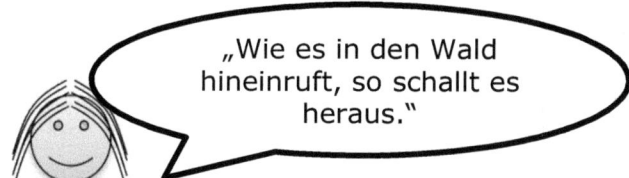

„Wie es in den Wald hineinruft, so schallt es heraus.“

163

Übertragen auf das Erlebnis des Verkaufsmanagers:

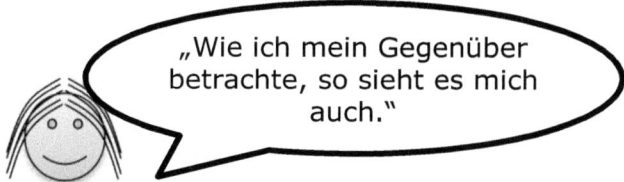

„Wie ich mein Gegenüber betrachte, so sieht es mich auch.“

Gemeint ist: Sieht eine Person den Gesprächspartner als Feind an, wird sich seine Sprache und Körpersprache entsprechend der moralischen Haltung verbal und nonverbal einstellen.

Begriffe wie frontal, schützen, aufeinander losgehen, anfechten, kriege ich, bekämpfen und viele andere mehr schleichen sich in die Kommunikation ein.

Der Körper nimmt eine Abwehrhaltung ein, der Blick wird starrer und drohender. Das Lächeln verschwindet.

Es wird ein regelrechter <u>Kampf ausgefochten</u>.

Das Risiko beim Kampf sind Verletzungen und Wunden. Ist das gewollt? Weshalb dem Gesprächspartner grundsätzlich nicht erst einmal freundschaftlich begegnen?

Ist das Gegenüber ein Feind, den es zu bekämpfen gilt? Oder ist es ein beruflicher Freund, mit dem Geschäfte gemacht werden sollen?

Vergleichbares geschieht beim Vergleich mit Schweinen. Sieht die Person den Gesprächspartner als Schwein oder vergleicht ihn mit einem Schwein oder gar mit dem Verhalten von Schweinen, wird ihm genauso begegnet.

Sicherlich möchte die Person vom Gesprächspartner auch nicht als Schwein gesehen und behandelt werden. Also – weg aus dem Schweinestall!

Genauso wie oben, am besten dem Gegenüber freundlich gegenübertreten. Der Erfolg wird sich einstellen.

Wer seinen Gesprächspartner wertschätzt, in Wort, Ton und Körpersprache, ist schon auf dem Weg der Gewinner-Strategie.

Teil 6 – Das glückbringende Schwein

165

Interkulturelle Betrachtung

Andere Länder, das gleiche Schwein

„Ein kluger Mann verehrt das Schwein;
er denkt an dessen Zweck.
Von außen ist es ja nicht fein,
doch drinnen sitzt der Speck.“
Heinrich Christian Wilhelm Busch, dt. Schriftsteller
(1832 - 1908)

„Wo ist mein Kampfschwein?"

So mag Freya gefragt haben, wenn sie ausreiten wollte. Bei den Germanen galt der wilde Eber als heiliges Tier. Im Altnordischen hieß ‚Hildisvini‘ übersetzt ‚Kampfschwein‘, ein Reittier mit goldenen Borsten.

Übrigens haben die Erd-Zwerge Dain (Altnordisch ‚dáinn‘ für ‚gestorben‘) und Nabbi das goldene Kampfschwein erschaffen.

Die Göttin Freya, Göttin der Liebe und der Ehe, mit dem Beinamen ‚Syr‘, der für ‚Sau‘ steht, ritt vorzugsweise auf diesem prächtigen Eber durch die Lande.

Die Charaktereigenschaften des Ebers werden auf den Menschen übertragen.

Als Kampfschwein wird ein Mensch bezeichnet, der ‚gnadenlos‘ aktiv – und zwar ungeachtet aller möglichen Widerständen – zielstrebig vorgeht, um sein Ziel zu erreichen.

Das kann sich zum Beispiel auf Sport beziehen, wie Boxen, Judo, Ringen. Die genannten Sportarten werden als Kampfsport bezeichnet.

Auch im kriegerischen Einsatz findet das Kampfschwein den energischen, motivierten und einsatzbereiten Soldaten.

Das Ferkelopfer

In der Antike wurde der griechischen Göttin Demeter (zuständig für Fruchtbarkeit und Ackerbau) ein Schwein/Ferkel als Opfer gebracht. Damit sollte die Fruchtbarkeit gesichert und bewahrt werden.

Es wird vom Ferkelopfer gesprochen. Neben dem lebenden Ferkel wurden als Opfergabe auch Skulpturen in Schweineform akzeptiert.

167

Da Demeter als Fruchtbarkeitsgöttin verehrt wurde ist es kein Wunder, dass besonders junge, heiratswillige Frauen der Göttin huldigten.

Das Schwein auf der Arche Noah

Als Noah (hebräisch Trost/Ruhe schaffen) seine Arche – Gott befohlen – durch die Sintflut steuerte, soll er laut biblischer Überlieferung bereits 600 Jahre alt gewesen sein. Alle Achtung. Er starb übrigens mit 950 Jahren!

In der Bibel heißt es:

„Eine große Flut steht uns bevor."

Im Alter von 500 Jahren zeugte Noah seine Söhne Sem, Ham und Jafet. Im gleichen Alter begann er mit dem Bau der Arche aus hochwertigem Zypressenholz. Dafür benötigte er 100 Jahre.

Aus der Tierwelt nahm er je zwei Exemplare mit, jeweils ein weibliches und ein männliches Tier. Immerhin sieben Vogelpaare durften sich auf die Arche retten. Mit dabei war ein Paar Schweine und ein Paar Stachelschweine.

In welcher Reihenfolge die Tiere die Arche betraten, ist nicht überliefert.

Übrigens: Nach heutiger Berechnung müssten zwischen 2.000 und mehreren tausend Tiere an Bord gewesen sein.

Auf jeden Fall überlebten neben den anderen Tieren auch die Schweine. So konnten viel später die Münchner Weißwurst, die ausschließlich aus Schweinefleisch hergestellt werden darf, das Frankfurter Rippchen und die Nürnberger Rostbratwurst das Licht der Welt erblicken.

„Das tut ‚man' nicht! – Tabuisierte religiöse Vorschriften und ritueller Einsatz des Schweins."

Interessanterweise wird dem Schwein in verschiedenen Kulturen eine gänzlich andere Bedeutung zugeschrieben als hierzulande üblich.

Im Christentum wird das Schwein wie beschrieben weitestgehend akzeptiert. Die Haltung und Zucht der Tiere, der Verzehr von Schweinefleisch und so weiter gehören zum täglichen Leben.

Buddhismus und Hinduismus

Wie in diesem Buch gezeigt, findet sich die Bezeichnung ‚Schwein' in vielfältiger Form in der Kommunikation.

169

Im tibetischen Buddhismus, symbolisiert durch das Lebensrad, gibt es drei sogenannte ‚Geistesgifte' beziehungsweise drei ‚Geistesverschmutzungen': Unwissenheit, Anhaftung und Abneigung.

Diese Geistesgifte werden mit drei Tieren verknüpft, dem Schwein, der Schlange und dem Vogel/Hahn.

Das Schwein ist für das Gift der Unwissenheit verantwortlich. Unwissenheit steht auch für Verblendung und eine gleichgültige Geisteshaltung.

Unwissen lässt den Menschen die Realität nicht klar wahrnehmen, weshalb Leid entsteht.

Die drei Tiere stehen im tibetanischen Lebensrad in kreisförmiger Figur, wobei jedes Tier sich an einem anderen festbeißt. Im Hinduismus gibt es die heilige Kuh und das unreine Schwein. Das Schwein wird als unrein/schmutzig angesehen, da es sich überwiegend von Essensresten ernährt. Dazu wühlt es im Müll. Nahrungsreste gelten im Hinduismus als unrein/verschmutzt. Der Hinduismus verbietet den Verzehr von Schweinefleisch nicht. Die meisten Hindus verzichten aber auf den Verzehr schweinischer Produkte.

Islam und Judentum

170 Im Islam ist für Muslime der Verzehr von Schweinefleisch verboten, da dieses als unrein gilt (Koran Sure 6, 145, „Schweinefleisch, denn es ist unrein"). Es kursieren Erzählungen, dass Schweine nur geschaffen wurden, um nach der Sintflut und der Rettung durch die Arche den Schmutz und Unrat wegzufressen, den die Flut zurückließ. Zumindest erscheinen die Lebensgewohnheiten des Schweins als sehr unsauber.

Im jüdischen Glauben gelten Schweine ebenso als unrein. Sie finden ihren Weg auch nicht auf den Esstisch. Schweinefleisch ist ein Tabu. Die Tora (Thora, Torah, heilige Schrift, 3. Moses 11,7) verbietet den Verzehr von Schweinefleischprodukten („unrein soll es euch sein").

„Antonius, das Saudonerl und das Schlamperldonerl"

Für den Außenstehenden sieht ein Schwein wie das andere aus. Tatsächlich sind sie unterschiedlich, so wie der Mensch auch. Deshalb werden immer wieder zwei Heilige mit dem Namen Antonius verwechselt.

Der heilige Antonius der Große

Der heilige Antonius der Große (251 – 356) hat mit Hilfe eines listigen Schweinchens den Teufel in der Hölle überlistet. Es ist ihm tatsächlich gelungen, von dort das Feuer auf die Erde zu holen.

Deshalb wird liebevoll von Antonius-Sau oder Antonius-Schwein gesprochen. Weiter wurde der Antoniterorden gegründet.

171

Deren Schweine durften frei im Dorf umherlaufen und mussten von jedem gefüttert werden. Sie trugen zur Erkennung ein Glöckchen um den Hals.

Solch ein Schwein wurde auch Rennsau genannt.

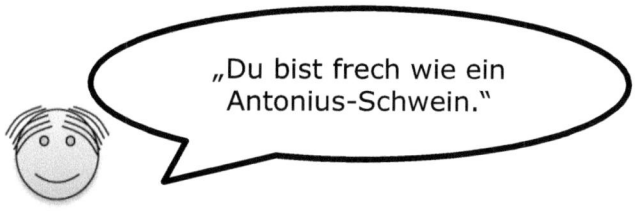

„Du bist frech wie ein Antonius-Schwein."

Sünching, die ‚Tonerl-Gemeinde' bei Regensburg hat Antonius besonders verehrt. Antonius der Große trägt den Beinamen Saudonerl.

Er lebte überwiegend als Einsiedler. Es heißt, dass der Teufel, als Schwein verkleidet, Antonius in seiner Einsiedelei ‚verführen' wollte. Der Teufel ist gescheitert.

Antonius der Große ist außerdem der Schutzpatron der Bauern und Nutztiere. Vor allem der Schweine, der Hirten, der Metzger, der Bürstenmacher der Totengräber und andere mehr.

Einmal im Jahr, am 17. Januar, werden auf dem Petersplatz im Rom Nutztiere gesegnet. Allerdings finden die Tiere in dem zuvor stattfindenden Gottesdienst im Petersdom keinen Zugang. Sie müssen draußen auf dem Platz warten.

Der heilige Antonius von Padua

Der heilige Antonius von Padua (um 1195 – 1231) hat den Beinamen Schlamperldonerl, um ihn von dem anderen Antonius zu unterscheiden.

Er soll rhetorisch sehr geschickt gewesen sein und konnte gestenreich argumentieren. Und er ist der Heilige, der Verlorenes wiederfindet.

Zur damaligen Zeit gab es die Krankheit Antoniusfeuer, ausgelöst durch eine Mutterkornvergiftung.

Es drohten qualvolle Darmkrämpfe, Gefäßverengungen, Absterben der Gliedmaßen und Tod.

Antonius wird zitiert mit:

„Unsere Sprache ist eindringlich, wenn unser Tun redet."

Antonius versuchte, unter anderem mit Schweinefett, die fürchterlichen Schmerzen, die die Krankheit auslöste, zu lindern.

Rennsau

173

Neben den Schweinen des oben genannten Ordens, ist die Rennsau im ursprünglichen Sinn eine Sau armer Leute, die sich kein Futter für das Tier leisten konnten.

Sie ließen das Schwein frei durchs Dorf laufen, wo es selbst nach Futter suchte. Es stellte eine Art Müllabfuhr der damaligen Zeit dar.

Im übertragenen Sinn wird eine Person Rennsau genannt, die ständig ‚auf Achse' ist und dadurch den Haushalt beziehungsweise den Job vernachlässigt.

Eine ‚läufge', korrekt ‚rauschige' Sau wird ebenso Rennsau genannt.

„Das interkulturell geprägte Schwein."

In China steht das Schwein für Zufriedenheit, Glück und erfülltes Leben.

In Japan bedeutet das Wildschwein Stärke und Wohlstand.

In Korea symbolisiert das Schwein viel Geld. Träumt jemand von einem Schwein, bedeutet das sogar großes, reichhaltiges Glück. Na bitte!

In Frankreich durfte bis vor kurzem niemand sein Schwein Napoleon nennen. Der Grund: Zu Napoleons Zeit soll ein Bauer sein Schwein Napoleon genannt haben. Er wollte damit seine Missbilligung gegen die Obrigkeit ausdrücken, was ihm wohl gelang.

174

Daraufhin wurde ein Gesetz erlassen, das verbietet, ein Schwein ‚Napoleon' zu nennen. Erst im Jahr 2013 wurde das Gesetz aufgehoben. Très bien.

Napoleon (*1769) starb 1821, angeblichen an Magenkrebs.

Es ist gut erkennbar, dass der Einfluss des Schweins interkulturelle sowie politische Bedeutung annahm/annimmt.

So sei ein Blick zu den europäischen Nachbarn Großbritannien, Frankreich, Spanien und Italien erlaubt.

Auch dort finden sich schweinische Redensarten.

Das Schwein in Großbritannien

Bedauerlicherweise lassen sich Redensarten häufig nicht eins zu eins in eine andere Sprache übersetzen.

Beispielsweise wird in hiesiger Gesellschaft empfohlen, nicht die Katze im Sack zu kaufen.

Im englischen Sprachraum gilt dasselbe für ein Schwein:

"To buy a pig in a poke."

Fühlt sich jemand pudelwohl, dann heißt es:

175

"Like a pig in shit."

Das glückliche Schwein gibt es auch in der englischen Sprache.

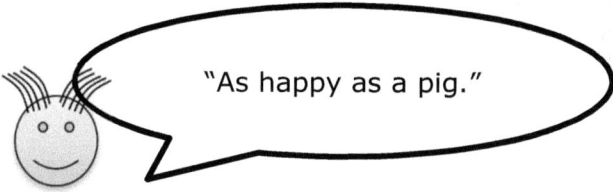

"As happy as a pig."

Oder:

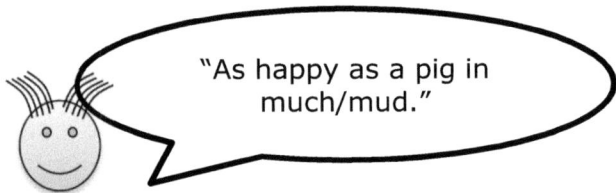

"As happy as a pig in much/mud."

Etwa: „So glücklich wie ein Schwein im Dreck/Schlamm.“ Und das wiederum bedeutet, dass jemand außerordentlich glücklich und zufrieden ist. Er fühlt sich schweinewohl.

Ausgefallen und interessant scheint folgender Spruch:

"To make a pig's ear of something."

Frei übersetzt: „Jemand verpfuscht etwas.“

Und noch origineller:

"Lipstick on a pig."

Bedeutung: Einem Schwein Lippenstift auftragen. Dadurch geschieht oberflächlich eine Änderung an einem Produkt. Die ‚Aufhübschung‘ wird vorgenommen, um Mängel zu kaschieren.

Das Schwein in Frankreich

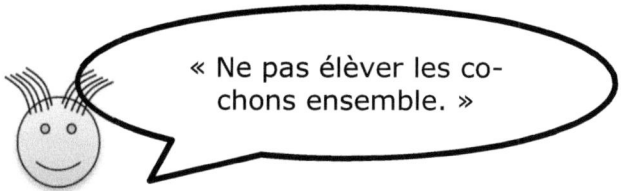

Frei übersetzt: „Die Schweine nicht zusammen aufziehen."

Jeder, der in der Kommunikation die menschliche Distanz unterschreitet, also jemandem zu nahe kommt`, wird mit dieser Redewendung auf den Wunsch nach Distanz hingewiesen.

In der deutschen Sprache heißt es sinngemäß:

177

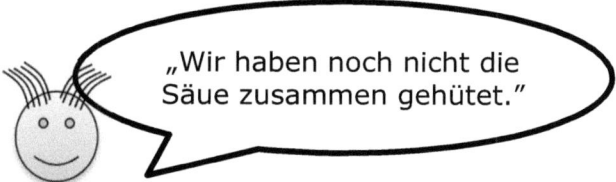

Also bitte Distanz halten.

Noch einige französische Sprichwörter, die sich auf das Schwein beziehen.

Ungefähr:

Etwas ist schmutzig, unhygienisch oder ein Zusammenhang ist kompliziert zu verstehen.

Das Schwein in Spanien

In Spanien wird offensichtlich ähnlich gedacht, wie in Gebieten, in denen Deutsch gesprochen wird.

179

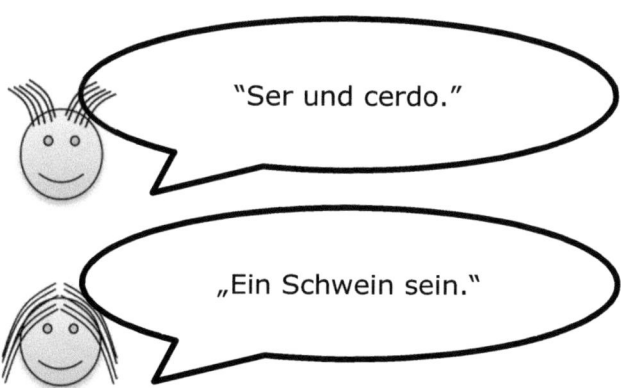

Mit der Bedeutung wie hierzulande. Und zusätzlich offenbart die Aussage eine Person, die sich Frauen gegenüber respektlos verhält.

Das Schwein in Italien

Dann soll auch der Italiener noch zu Wort kommen.

Im oberen Fall ist Judas gemeint, der Jesus verraten hat.

Im unteren Fall ist tatsächlich Eva angesprochen, der es dem Sprechenden nach zu verdanken ist, dass die Menschen aus dem Paradies vertrieben wurden.

Ein heftiger und extrem unhöflicher Fluch ist dieser:

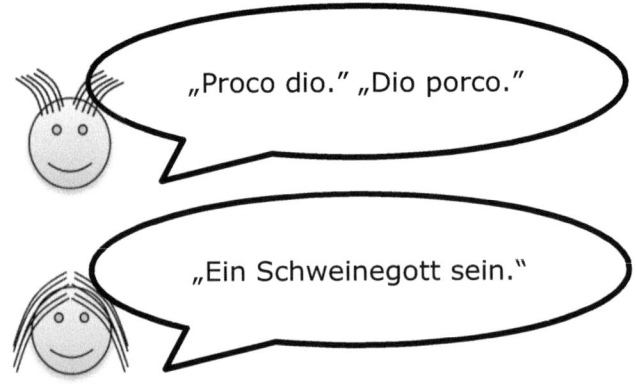

Alle Bezeichnungen ungefähr im Sinne von:

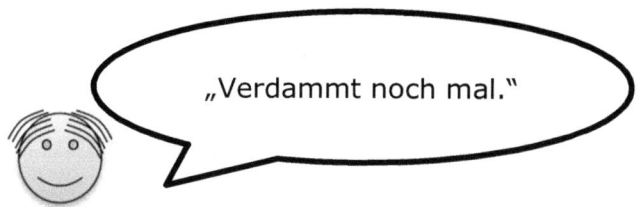

„Verdammt noch mal."

Obwohl viele Italiener sehr religiös/gläubig eingestellt sind, sind Flüche dieser Art immer wieder zu hören. Es erweckt den Anschein, dass die Äußerungen nicht solch eine extreme Bedeutung haben, wie sie in der deutschen Sprache hätten.

„Du Schweinekotelett!"

Eigenartigerweise werden in der deutschen Sprache zwei Fleischstücke als Schimpfwörter verwendet: Schweinefleisch und Schweinekotelett.

Schimpfwort ‚Schweinefleisch': Aus dem englischen Wort ‚pork barrel' (Schweinefass). Der Staat finanziert Staatliches, die der Steuerzahler bezahlt; Verschwendung staatlicher Mittel. Als Schimpfwort: Geschlechtsverkehr mit einer anderen Person haben. „Schwein mich" (pork me) heißt sinngemäß dasselbe.

Schimpfwort ‚Schweinekotelett': Vom englischen Wort (pork chop). Jemand verhält sich albern oder kindisch.

Wird in hiesiger Kultur solch ein Schimpfwort benutzt?

Glück im Spiel

„Schwein gehabt – Du Glücksschwein."

„Ich habe Schwein gehabt!"

Die Person will damit ausdrücken, dass das Ergebnis zwar knapp, aber zu ihren Gunsten ausging.

182

Laut Wikipedia gibt es verschiedene Theorien über die Herkunft der Redewendung. So wird ein Augsburger Schießfest erwähnt, bei dem der Verlierer als Trostpreis ein Ferkel bekam (vergleiche Schweinerei). Immerhin.

Eine andere Theorie nimmt an, dass dieser Spruch von einem deutschen Kartenspiel herrührt.

Im heute üblichen französischen Kartenspiel ist die höchste Karte das Ass. Das Ass entspricht der wertvollsten Karte. Im früheren deutschen Kartenspiel hatte die wertvollste Karte den Wert ‚zwei'. Die Karte war das Daus (pl. Däuser). In einigen Regionen wird die Karte auch als Sau bezeichnet.

Wer also solch einen hohen Wert auf der Hand hielt, hat Glück beziehungsweise Schwein gehabt.

„Ei der Daus!"

Gleichzeitig steht ‚Daus' für ‚Teufel'.

Der antike Eber

Wie erwähnt, galt der Eber in der Antike als heiliges Tier, da er für Fruchtbarkeit stand und steht. Schon bei den Griechen und Römern war klar: Wer viele Tiere besaß, hatte entsprechend schweinischen Nachwuchs, ausreichend Nahrung und lebte dadurch bevorzugt. Es ging ihm gut.

183

Wie dem auch sei: Das Schwein steht von alters her als Sinnbild für Wohlstand und damit Reichtum. Außerdem wurde es als Symbol der Fruchtbarkeit angesehen, was wiederum den Reichtum fördert.

Schweine rauschen

Die Rausche ist die Zeit, in der das Schwein zur Paarung bereit ist. In dieser Zeit kann es trächtig werden.

Die Rausche beziehungsweise die Vollrausche hält beim Hausschwein 1,5 bis zwei Tage an.

Wildschweine rauschen nur 1-mal bis 2-mal im Jahr. Das Hausschwein rauscht das komplette Jahr über.

So können sie, rechnerisch gesehen, etwa 2,5 Würfe pro Jahr zu erzeugen.

Ein Schwein wirft mindestens zweimal im Jahr bis zu fünfzehn Ferkel. Insgesamt also etwa 25 bis 30 Jungtiere pro Jahr! Der oben erwähnte Wohlstand ist gesichert.

Hans im Glück

Die Gebrüder Grimm (Jacob, Ludwig Karl 1785 – 1863 und Wilhelm Carl 1786 – 1859) beschreiben Hans im Glück. Nach sieben Jahren harter Arbeit erhält Hans als Lohn einen Batzen Gold, genauer gesagt einen Klumpen, so groß wie ein Kopf. Immerhin etwa 6 Kilogramm!

Nicht schlecht für sieben Jahre Arbeit. Hans macht sich auf den Weg nach Hause.

Er tauscht das Gold gegen ein Pferd, dieses gegen eine Kuh und die Kuh schließlich gegen ein Schwein.

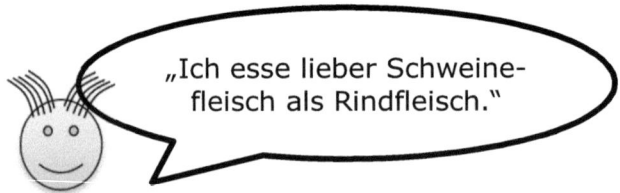

„Ich esse lieber Schweinefleisch als Rindfleisch."

So etwa wird Hans' Entscheidung Schwein gegen Kuh im Märchen erklärt.

Aber damit ist die Geschichte noch nicht am Ende. Jetzt hatte er ja ein Glücksschwein. Hans hätte zufrieden sein können. Aber nein.

Viele Menschen hätten ihm abgeraten, weiter zu tauschen. Immerhin hatte er anfangs einen Klumpen Gold. Hans interessiert das nicht. Er macht weiter.

Ein neuer Tausch bringt ihm eine Gans ein. Diese einen Schleifstein und einen Feldstein. Als Hans an einem Brunnen Wasser trinken will, fallen ihm diese beiden unnützen Steine in den Brunnen.

In Ordnung. Pech für Hans. War er unglücklich? Nein.

185

Zum großen Erstaunen der Leser und Leserinnen ist Hans ausgesprochen sehr glücklich, da er nun die Last dieser Steine nicht mehr mit sich schleppen muss. Er macht sich frohen Sinns und voller Freude auf den Weg nach Hause zu seiner Mutter.

Er ist sehr glücklich. Ob das Schwein dabei eine besondere Rolle gespielt hat? Nein, in diesem Fall nicht.

Es zeigt, dass nicht Hab und Gut Glücksgefühle im Leben bringen, sondern Emotionen, besonders die glücklich machenden.

„Reibe dem Schwein die Schnauze."

Angeblich hat ein Schwein bis zu 1 Milliarde Riechzellen, der Mensch lediglich 10 Millionen. Demnach arbeitet seine Nase – oder Rüssel genannt – sehr sensibel in der Wahrnehmung.

Das Berühren und Reiben an bestimmten Stellen einer Bronzestatue bringt in der Regel Glück. Aberglaube oder nicht – das ist relativ egal. Schaden kann das Reiben bestimmt nicht.

Das gilt auch für den Eber im italienischen Florenz, der Teil des Brunnens ‚Fontana del Porcellina' ist.

Wer die Schnauze des Ebers berührt, wird Glück erlangen. Der Rüssel der Statue ist schon ganz goldfarben durch die ständigen Berührungen. Wer ganz großes Glück erwartet, legt dem Schwein eine Münze ins Maul, die mit ‚viel Glück' nach hinten rutschen soll.

Eine andere Skulptur in Berlin nach einem Entwurf aus dem Jahr 1900 vom deutschen Bildhauer Louis Tuaillon (1862 – 1919) zeigt Herkules im Kampf mit einem Erymanthischen Eber (benannt nach einem Berg in Arkadien).

In unzähligen Städten gibt es Schweinestatuen und Schweinebrunnen. Zum Beispiel den ‚Wilde Sau Brunnen' in Wilsdruff.

„Das Schwein läuft Schlittschuh."

Wer sich beim Schlittschuhlaufen keine warmen Strümpfe anzieht, bekommt kalte Füße. Wenn er Pech hat, sogar eisige Füße und dann hat er ein Eisbein.

Das Eisbein, Haxe, Schweinshaxe entspricht beim Menschen dem Unterschenkel. Die Haxe wird gekocht und dann als komplettes Stück zum Verzehr angeboten.

Um das Fleischteil liegt eine dicke weiße Fettschicht. Mit etwas Fantasie sieht diese Schicht aus wie Eis. Eis liegt um das Bein, das Eisbein.

Früher wurde der Knochen, das Schienbein, zur Herstellung von Schlittschuhkufen verwendet. Es ist eine Überlegung, weshalb es den Bezug von Schwein zu Eisbein gibt.

„Ich habe kalte Füße."

„Hast du Eisbeine?"

Vom Schwein gebissen

Dass Schweine manchmal beißen, liegt meistens am Stress, unter dem sie in diesem Augenblick stehen. In der Regel beißen sie ihre Artgenossen.

Unangenehm ist die Vorstellung, würden sie den Menschen beißen.

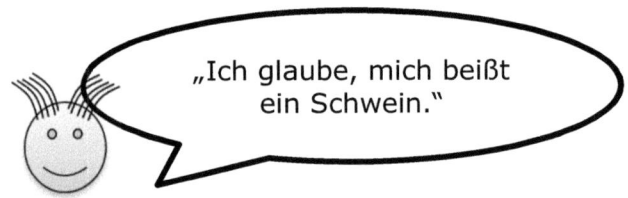

„Ich glaube, mich beißt ein Schwein."

188 Eine andere Überlegung zur Bezeichnung Eisbein lautet: Wird jemand vom Pferd geküsst oder vom Schwein gebissen, erhält er einen Pferdekuss beziehungsweise einen Schweinebiss.

Das ist eine heftige Prellung (oft am Oberschenkel), die ein schmerzhaftes Hämatom hervorruft, benannt als Eisbein.

Die Frage ist: Ist es angenehmer, von einem Schwein gebissen oder von einem Pferd geküsst zu werden? Egal wie, das Eisbein ist das Resultat beider Varianten.

Nach dem beißenden Schwein und dem Schlittschuh laufenden Schwein wird sich nun einem Ferkel zugewendet. Ein Ferkel, das Boccia spielt.

Das Ferkel spielt Boccia

Beim Boule-Spiel beziehungsweise Boccia-Spiel wird die Ziel-Kugel, an die die anderen Kugeln so nahe wie möglich geworfen werden müssen, im Sprachgebrauch Schweinchen, Wutz, Ferkel oder Sau, Säule genannt.

Die korrekte Bezeichnung lautet ‚Conchonet‘ (Ferkel). Weshalb der Bezug zum Schwein? Eine Erklärung ist, dass die Ziel-Kugel früher aus Schweineknochen hergestellt wurde. Wer mit seiner Kugel so nah wie möglich an die Ziel-Kugel, das ‚Schweinchen‘, kommt, gewinnt.

Wie angenommen, dass sich ein Bauer im Mittelalter glücklich fühlen durfte, wenn er im Besitz eines Schweins war, zeigt sich im Boccia-Spiel, zumindest so nahe wie möglich an das Schweinchen zu kommen.

189

Es sicherte ihm einen erkennbaren Wohlstand, zum Beispiel durch das Erhalten eines Gewinn-Preises.

„Glück gehabt!“

Der erste deutsche Boule-Club wurde übrigens in Bonn Bad Godesberg im Jahr 1963 gegründet. Der ehemalige Bundeskanzler Konrad Hermann-Josef Adenauer (1876 – 1967) spielte dieses Spiel mit Begeisterung.

Friedfertig, großzügig, tolerant

„Meine Zukunft – Das Chinesische Horoskop."

Buddha (ca. 500 v. Chr.) hatte seinerzeit eine ausgesprochen originelle Idee. Bevor er die Erde verlassen wollte, lud er alle Tiere zu einem Treffen ein.

Tatsächlich sind von allen Tieren aber nur 12 erschienen. Traurig. Das war schon ernüchternd und demotivierend.

190 Die Tiere erschienen in folgender Reihenfolge: Ratte, Büffel, Tiger, Hase, Drache, Schlange, Pferd, Ziege, Affe, Hahn, Hund.

Schließlich kam als zwölftes das Schwein auf seinen kurzen Beinchen angerannt. Es gab für sein spätes Erscheinen als Erklärung an, dass es unterwegs viel Hunger hatte. Deshalb musste es etwas essen und ist danach eingeschlafen.

Für Buddha bedeutete das keinen Unterschied.

Jedem dieser 12 Tiere widmete er ein volles Jahr und benannte es nach der Reihenfolge ihres Erscheinens.

Chinesen sind der Überzeugung, dass alle 12 Jahre Menschen mit ähnlichen Charakterzügen geboren werden.

So ergeben sich beim chinesischen Horoskop 12 verschiedene Symbole – nämlich die oben genannten Tiere.

Da im Gegensatz zum hiesigen bekannten Horoskop die Zeitspanne nicht ein Monat, sondern ein ganzes Jahr beträgt, bedeutet das, dass sich jedes Tierzeichen alle 12 Jahre wiederholt.

So sagen die Chinesen beispielsweise, dass sie im Jahr des Schweins geboren wurden. Also zum Beispiel im Jahr 1995.

Das Schwein repräsentiert in folgenden Jahren das Tierzeichen: 1947, 1959, 1971, 1983, 1995, 2007, 2019, 2031, 2043 und so weiter.

191

Jedem der zwölf Tierkreiszeichen sind bestimmte Eigenschaften zugeordnet. Beim Schwein sind das:

Schwächen des Tierkreiszeichen Schwein	Stärken des Tierkreiszeichen Schwein
bequem, still, naiv, gutgläubig, snobistisch, perfektionistisch, wenig wortgewandt	großzügig, optimistisch, verständnisvoll, ehrlich, verlässlich, friedfertig, tolerant, hört zu, fleißig, aufrichtig

Bei genauer Betrachtung sind die Schweine-Schwächen verkraftbar, sofern sich der Mensch nicht ausnutzen lässt. Perfektionistisch, still und so weiter; das ist doch vertretbar, oder?

Die Stärken des Schweins im Horoskop sind dankbarer. Friedfertigkeit, Toleranz und Zuhören passen gerade wunderbar in das aktuelle – fast täglich wechselnde – Zeitgeschehen, in der so viel Egoismus um sich greift.

An Bord

Rund um die Schifffahrt gibt es viel Aberglauben. Kein Wunder, dass auch das Schwein betroffen ist.

Seeleute sind bekannterweise außerordentlich abergläubisch. Deshalb sollte dieser Aberglaube auch geachtet werden. Es bringt nichts, sich über den Aberglauben anderer lustig zu machen.

Von der früheren Segel-Schifffahrt ist überliefert, dass das Wort ‚Schwein' an Bord noch nicht einmal ausgesprochen werden sollte, da dieses schlechtes Wetter heraufbeschwören könnte.

Stürmisches Wetter bedeutete verständlicherweise Gefahr für die damalige Schifffahrt.

Interessanterweise soll der Aberglaube trotzdem hin und wieder ein Schwein an Bord gebracht haben.

Dieses Schwein war aber nicht zum Verzehr gedacht. Dafür war es zu wertvoll.

Es wurde ihm nachgesagt, dass böse Geister durch die Anwesenheit des Schweins beruhigt würden. Es genoss ein hohes Ansehen an Bord. Das war noch nicht alles.

Die Anwesenheit des Schweins sollte dafür sorgen, dass es nicht zu bösartigen Stürmen kommen sollte. Außerdem sollte es vor dem Ertrinken schützen.

Christoph Kolumbus

Der italienische Seefahrer Christoph Kolumbus war auf vier Entdeckungsreisen unterwegs.

193

Er entdeckte im Jahr 1492 den Kontinent Amerika auf der Suche nach einem kürzeren Seeweg nach Indien.

Auf der zweiten Fahrt im Jahr 1493 führte er einige Tiere mit, die in Amerika angesiedelt werden sollten.

Darunter waren acht Schweine. Angekommen auf dem neuen Kontinent vermehrten sich die Schweine ‚im Schweinsgalopp', sodass die heutigen Bewohner nicht über Mangel an Wurstwaren klagen müssen.

Das Schwein sollte dem Menschen Glück bringen. Das Schwein selbst hatte auch Glück, denn es wurde nicht verzehrt. Ein wahres Glücksschwein?

Manche Seeleute haben sich angeblich auf ihre Beine oder Füße ein Schweine-Tattoo stechen lassen. Es sollte das Schiff vor dem Untergehen schützen und die Person vor dem Ertrinken bewahren.

Obwohl heute die Schiffe anders ausgestattet sind, gilt der Aberglaube für die Schifffahrt immer noch.

Der griechische Gott des Meeres heißt Poseidon, der römische Gott Neptun. Rasmus ist nach deutscher Sage der Gott des Windes.

Herrscht Unwetter und schwappt Wasser über das Schiff, dann heißt es:

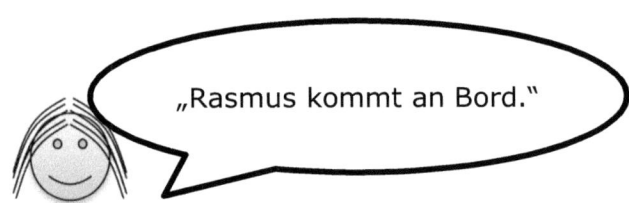

„Rasmus kommt an Bord."

Ansonsten wird gebetet:

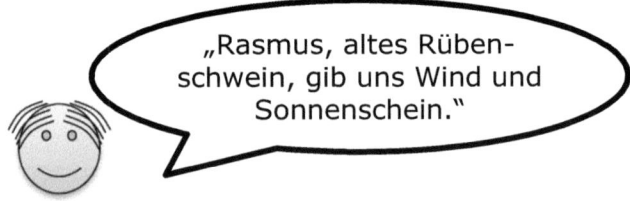

„Rasmus, altes Rübenschwein, gib uns Wind und Sonnenschein."

Interessant, dass Rasmus mit einem Rübenschwein gleichgesetzt wird.

Rübenschwein

Es kostet viel Kraft, auch für einen Gott des Windes, ein Unwetter zu erzeugen. So stark, dass Wellen vom Wasser über das Schiff rollen.

Ein Rübenschwein ist ein früheres Schimpfwort für den ebenfalls Kraft aufbringenden Frontsoldaten. Bildhaft gesehen liegt der Soldat auf einem Rübenacker in Deckung und schützt sich vor Angriffen.

Als Schimpfwort wird das Rübenschwein gewählt, wenn ein widerlicher Mensch beschrieben werden soll.

Zu Silvester

Eine besondere Ehrung erhält das Schwein an Silvester. Dort steht es als Glücksbringer fürs nächste Jahr fast im Mittelpunkt des Jahreswechsels. Wer dann ein Schweinchen streicheln darf, hat besonderes Glück.

Zur Herstellung von Marzipan werden Mandeln benötigt, deren besondere Stärken in das Schweinchen einfließen und auf den Beschenkten übertragen werden.

Das Marzipan vereinigt das süße und das bittere Leben (im Geschmack). Es steht für Glück, Wohlstand, Fruchtbarkeit und ein gesundes, langes Leben.

Unglaublich, welche positiven Kräfte in solch kleinen Mandelkernen stecken.

Kein Wunder, dass das Glücksschweinchen aus Marzipan hergestellt sein muss und zum Jahreswechsel gehört.

Nicht selten trägt das Glücksschweinchen ein vierblättriges Kleeblatt in seiner Schnauze. Früher war ein solches selten zu finden – dreiblättrige dominierten. Es war etwas Besonderes, eines mit vier Blättchen zu finden. Der Finder freute sich über sein Glück.

Dieses Glück wird dann an den Empfänger des Glücksschweinchens übertragen. Er soll viel Glück im neuen Jahr erfahren.

Eine seltene Redewendung sagt:

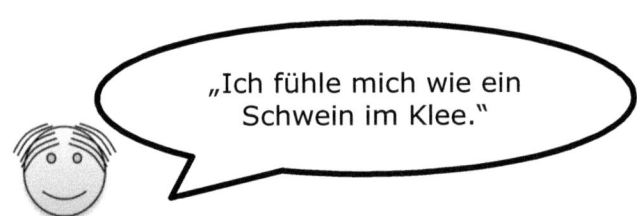

„Ich fühle mich wie ein Schwein im Klee."

Vielleicht im Glücksklee. Jedenfalls, sagt jemand, sich wie ein Schwein im Klee zu fühlen, ist er in diesem Augenblick sehr glücklich.

Nach so viel glückbringenden Dingen wird sich nun dem unglückbringenden Verhalten gewidmet.

Teil 7 – Das unglückbringende Schwein

197

Böses und Verbotenes

Die Trilogie der bösen Schweine

„Dem höret man wohl zu und lacht,
doch wird von jedem still gedacht:
O pfui! Du unverschämte Sau!"
Hans Sachs, dt. Dichter
(1494 - 1576)

„Ich mache, was ich will."

Im Folgenden werden drei Typen Menschen gezeigt, die bewusst ein ‚böses' Verhalten an den Tag legen.

Das Kollegenschwein

Ein Team arbeitet idealerweise harmonisch zusammen. Jeder Teamer (Teilnehmende/r in der Teamarbeit) bringt seine Stärken ein, wobei die Schwächen der anderen kompensiert werden.

Es entsteht Harmonie und ein Wir-Gefühl untereinander. Jeder Teamer kann sich auf die anderen verlassen. Das ist das optimale Bild der Teamarbeit.

Sollte nun einer aus dem Team intrigieren, falschspielen oder die Hilfsbereitschaft der anderen ausnehmen, kommt die Zusammenarbeit und die Zielsetzung ins Wanken.

Diese Person verhält sich unsolidarisch und alles andere, als in der Teamarbeit erwartet.

Bei genauer Betrachtung wird bemerkt, dass diese Person die anderen regelrecht ausnimmt. Sie handelt unzuverlässig, sogar hinterhältig.

Es ergeben sich sinnlose Streitereien. Nach und nach ist die Zusammenarbeit im Team vergiftet. Hier ist die Rede von einem (erfolgreich vorgehenden) Kollegenschwein.

Bemerkenswert ist, dass es nur <u>eine</u> Person schafft, durch ihr destruktives Verhalten die Arbeit eines kompletten Teams zu ruinieren.

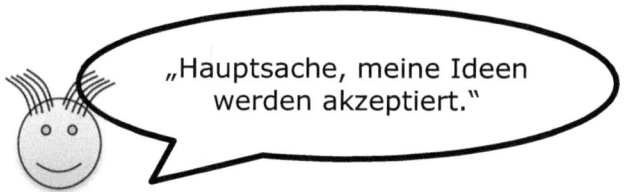

„Hauptsache, meine Ideen werden akzeptiert."

199

Es ist höchste Zeit, diese Person aus der Teamarbeit zu entfernen.

„Du passt nicht in unser Team."

„Wir werden in Zukunft auf dich verzichten."

Das Kameradenschwein

Vergleichbares gibt es beim Militär, in Sicherheitsdiensten wie bei der Polizei, der Feuerwehr, beim Technischen Hilfswerk bei sozialen Diensten und anderen hoheitlichen Einrichtungen, in denen sich die Beschäftigten untereinander als Kameraden bezeichnen. Er zeigt ein Verhalten, das destruktiv zu deuten ist.

Wer sich anderen im Arbeitsumfeld illoyal gegenüber verhält, wer Interna (interne Angelegenheiten) nach außen trägt, oder wer als Whistleblower (Informant) bezeichnet wird, entpuppt sich zum Kameradenschwein. Dasselbe gilt, wenn diese Person Ausrüstungsgegenstände oder Material hortet, sodass andere nicht optimal ausgestattet sind.

Derjenige, der sich – absichtlich oder zufällig – in eine zu kritisierende Position bringt, kann eventuell seine Handlung verschweigen oder leugnen. Gleichzeitig erwartet er von anderen in seinem Team, sich ihm gegenüber loyal zu zeigen. Damit zwingt er die anderen, sich möglicherweise ungesetzlich zu verhalten.

Ähnlich dem Kollegenschwein schafft es eine Person, Unruhe in der Zusammenarbeit zu erzeugen. Obwohl auch Kameradinnen solch ein Verhalten zeigen können, sind die Wörter Kameradinsau oder Kameradinschwein unbekannt.

Das Etappenschwein

Die Trilogie dieser Typen wird durch das Etappenschwein beim Militär vervollständigt.

Bei Schlachten, Kämpfen oder anderen militärischen Einsätzen gibt es die kämpfende Truppe an der Front, die unter großer Gefahr, ja unter Einsatz ihres Lebens tätig ist – unter Lebensgefahr.

Deutlich weniger gefährlich sind die Tätigkeiten im Hintergrund. Im Depot, der Feldküche, der Beschaffung, im Feldlazarett, bei den Verwaltungsdiensten und an vergleichbaren Orten.

Diese Einrichtungen gehören zum Etappenwesen. Die dort Arbeitenden werden ‚von den anderen‘ als Etappenschweine bezeichnet.

201

„Die Etappenschweine sind ja in Sicherheit.“

Besonders dann, wenn sie beneidet werden, wenn sie von der relativ gefahrlosen Arbeit profitieren oder wenn sie beispielsweise bessere oder mehr Nahrung erhalten als die anderen.

Sie werden erst kritisch, später negativ betrachtet.

Sollten sie die Frontleute – diese werden auch (teilweise ehrfürchtig und bewundernd) als Frontschweine bezeichnet – schikanieren, wird der Name Etappenschwein deutlich abwertend und verächtlich meinend benutzt.

Nicht ganz so schlimm hören sich die Bezeichnungen Etappenhase, Etappenhengst, Etappengockel an. Sie haben als Bedeutung einen gleichwertigen Rang.

Hier ein Hinweis auf die Komödie ‚Etappenhase', 1935, vom dt. Autor Karl Bunje (1897 – 1985) geschrieben.

Im ersten Weltkrieg gab es folgenden Spruch:

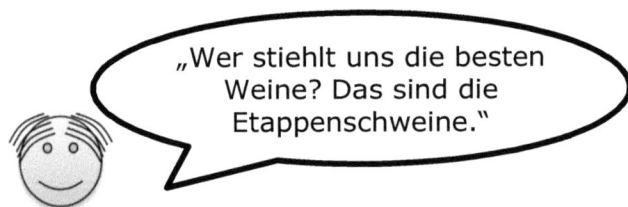

„Wer stiehlt uns die besten Weine? Das sind die Etappenschweine."

Das Etappenschwein ist eine Person. Sind mehrere gemeint, wird verständlicherweise verallgemeinert.

Etappenschweine haben ein negatives Image, Frontschweine ein positives.

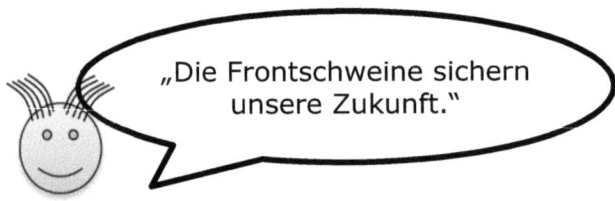

„Die Frontschweine sichern unsere Zukunft."

„Der Schweinepriester ist unerwünscht."

Der Schweinepriester gehört nicht zu den drei Figuren aus der Trilogie. Trotzdem gehört er zu den Personen mit schlechtem Ruf.

Möglicherweise kommt die Bezeichnung aus früheren Klosterdiensten. Dort wurden Schweinehirten zur Versorgung der hauseigenen Schweine eingestellt.

Ansonsten ist der Schweinepriester als Schimpfwort zu sehen. Für ihn wird Verachtung empfunden. Als Schweinepriester wird ein unerwünschter Mensch gesehen, einer, der sich unflätig verhält.

Tja, und dann muss noch ein sehr unschöner Punkt erwähnt werden.

203

Es ist tragisch, dass es einige Menschen nicht nur bei verbalen Übergriffen belassen. Sie werden sogar körperlich übergriffig.

Solch ein Verhalten findet sich in vielen Bereichen der Gesellschaft. Überraschenderweise hat auch die Kirche stark mit diesem ‚Phänomen' zu kämpfen. Besonders schlimm, wenn die Opfer minderjährig sind.

Dann bekommt die Bezeichnung ‚Schweinepriester' eine ganz andere, manchmal verächtlich ausgesprochene Bedeutung.

Versaut

Die Bezeichnung ‚versaut' findet mehrere Bedeutungen, von denen drei hier aufgelistet werden. Zuerst einmal ist es möglich, dass etwas total verschmutzt ist. Das Fenster hat Schlieren, Flecken und Fingerabdrücke. Es muss unbedingt gereinigt werden.

Die Hausfrau stöhnt:

„Das Fenster ist komplett versaut!"

Die zweite Deutung: Die Ehefrau wirft ihrem Mann vor, er habe ihr den gestrigen Abend auf der Party total versaut. Durch seine störrische und ablehnende Stimmung hätte keine gute Atmosphäre entstehen können. Und sie hatte sich so auf den schönen Abend gefreut …

Die dritte Variante bezieht sich auf das sexuelle Verhalten. Jemand treibt es, jemand ‚übertreibt', was die sexuelle Zweisamkeit angeht. Es wird ihm bewundernd vorgehalten, ‚total versaut' zu sein.

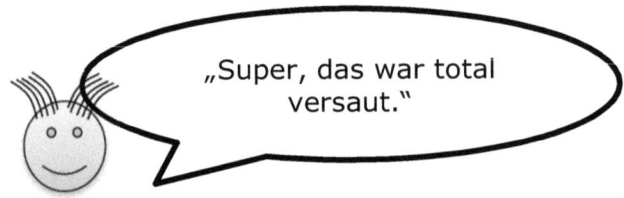

„Super, das war total versaut."

„Die Pottsau hat das Geschäft erledigt."

Ein Pott ist ein Gefäß, ein Eimer, ein Nachttopf. Pott kann auch für Klosett stehen. Im Niederdeutschen steht ‚Pot' für ‚flacher Topf'.

Die Mutter treibt ihren Sohn an:

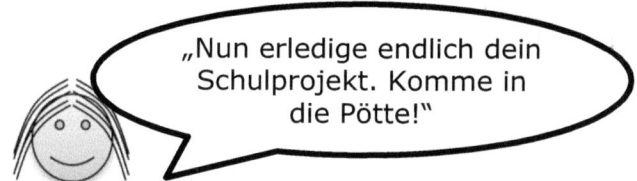

„Nun erledige endlich dein Schulprojekt. Komme in die Pötte!"

Sie meint damit, dass der Sohn eine angefangene Arbeit endlich zu Ende bringen soll. Er soll vorankommen.

205

Wer sagen kann …

„Ich bin zu Potte gekommen."

… meint heutzutage, eine Arbeit (endlich) erledigt zu haben. Die Bedeutung früher:

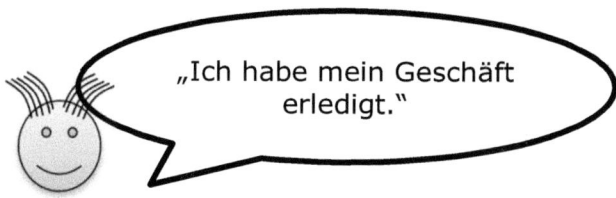

„Ich habe mein Geschäft erledigt."

Die Notdurft wurde verrichtet.

Mit etwas Fantasie lässt sich der Ruhrpott als große, flache Landschaft betrachten, in der eine gigantisch arbeitende Industrie angesiedelt wurde.

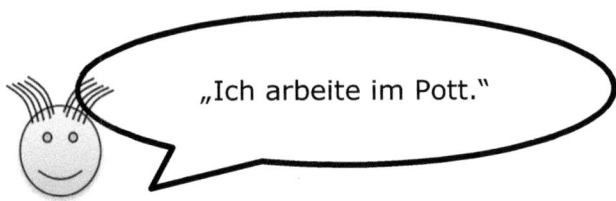

Die Suche nach Essbarem

Pott steht auch für Mülleimer. Manche Menschen durchsuchen Mülleimer aus unterschiedlichen Gründen nach Essbarem. Abwertend werden sie als Pottsau beziehungsweise Pottsauen bezeichnet.

Das ist ein starker negativer Begriff für Menschen, die nach Essbarem suchen.

Ansonsten bedeutet Pott in der Kommunikation eine Person, die als moralisch verwerflich oder schmutzig, ungepflegt angesehen ist.

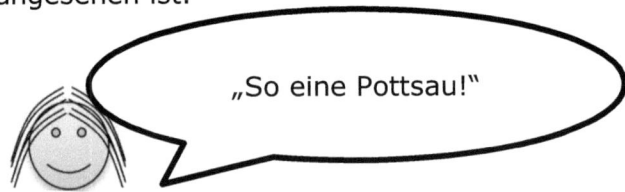

Die wenigsten Menschen möchten mit einer Pottsau zu tun haben.

„Charakterlos? – Das Charakterschwein."

Charakter (altgriechisch ‚charaktér' für ‚Prägung', ‚Eigenart') bezeichnet die Wesenszüge eines Menschen.

Es ist das, ...

"Was den Menschen ausmacht."

Ohne Charakter?

207

"Was bist du denn für ein Typ?"

"Ich bin selbstbewusst, zielstrebig und lasse mich nicht beirren. Ich mache das, was gut meinem Vorteil dient, natürlich in den Grenzen des Erlaubten."

"Wie gehst du mit anderen Menschen um?"

So könnten die Gedanken eines charakterlosen Menschen sein.

Das heißt: Als Charakterschwein wird eine Person bezeichnet, die aufgrund ihres Handelns als charakterlos angesehen wird. Das lässt sich aus dem oben abgebildeten Dialog sehr deutlich ablesen.

Charakterlos deshalb, weil sie sich zum Beispiel nicht für die Belange anderer interessiert. Sie sieht sich selbst an erster Stelle.

Das Interview zeigt, wie egoistisch gedacht und bestimmt auch gehandelt wird. Glücklicherweise gibt es Menschen ‚mit Charakter'.

Einer Person, die sich gegenteilig zum Interviewten verhält, wird ein starker Charakter unterstellt. Sie ist eine charakterstarke oder charakterfeste Person.

Der Teufel hat seine Finger im Spiel

„Gott ist widerlegt, der Teufel nicht."
Friedrich Wilhelm Nietzsche, dt. Philosoph
(1844 - 1900)

„Das Höllenschwein."

Keine guten Karten für das Entelodon und seine Nachfahren. Wurde es nicht umsonst als Höllenschwein bezeichnet?

Dazu kam, dass die früheren Hausschweine noch nicht die rosafarbene Haut hatten. Sie waren schwarz.

Die schwarze Farbe wirkt sowieso manchmal unheimlich und mysteriös auf andere.

Das kräftige Gebiss wurde bereits erwähnt. Braucht ein ‚liebes' Tier solch ein Gebiss, mit dem es locker eine Menschenhand abbeißen könnte?

Riss das Schwein das Maul auf, konnten die furchteinflößenden Hauer gesehen werden. Der Blick in den Schlund glich dem Blick in den Abgrund – in die Hölle.

Ein Schwein kann nicht in den Himmel schauen. Es ist aufgrund seines Körperbaus nach unten auf die Erde – in Richtung Hölle – ausgerichtet.

Außerdem kann es schlecht sehen. Es konnte also nicht das Licht erkennen, das vom Himmel ausgestrahlt wird. Das Gute war für das Schwein nicht erkennbar.

Also, es ist faktisch und entspricht den Tatsachen, dass das Schwein ein Tier der Hölle oder sogar selbst der Teufel ist, oder?

Es wird zitiert aus Matthäus 8,31:

„Da baten ihn die Dämonen und sprachen:"

„Willst du uns austreiben, so schick uns in die Herde Säue"

211

Da Schweine in der Bibel als unreine Tiere (Markus 5,1-20) gelten, ist ein Schwein offenbar ein perfekter Wohnort für einen Dämon.

Die Unreinheit des Schweins steht im Gegensatz zur sittlichen Reinheit, die die Bibel erwünscht.

In Konsequenz ist laut Bibel – im Alten Testament (zum Beispiel 3 Mose 11,7) – der Verzehr von Schweinefleisch verboten. Das allerdings scheint die christlichen Menschen nicht weiter zu interessieren, es sei denn, sie lehnen den Fleischverzehr generell ab. Im Neuen Testament gibt es das Schweinefleischverbot nicht mehr.

Perlen vor die Säue werfen

„Das Notwendige ist nie zu teuer bezahlt."
Marcus Tullius Cicero, röm. Redner
(106 – 43 v. Chr.)

„Das hast du nicht verdient."

Kleopatra VII. Philopator, letzter weiblicher Pharao Ägyptens (69 – 30 v. Chr.), unverheiratete Partnerin von Gajus Julius Cäsar (100 – 44 v. Chr.), konnte sich über Mangel an Luxus nicht beklagen. Sie hatte wirklich genügend Prunk und Reichtum. Sie lebte sozusagen in Saus und Braus.

Tatsächlich soll sie eines Tages eine in Essig aufgelöste Perle getrunken haben. Der damalige Wert dieser Perle: 10 Millionen Sesterze.

Zum Vergleich: Ein Getränk, das seinerzeit bereits ein Vermögen kostete. Ein römischer Legionär erhielt als Jahressold etwa 900 Sesterze, was neun Goldmünzen (Aureus, Aurei) entsprach.

Echte Perlen sind und waren schon immer teuer. Wer käme heutzutage auf die Idee, aufgelöste Perlen in einer Flüssigkeit zu trinken?

Wer käme auf die Idee, teure Perlen ausgerechnet im Schweinestall den schlecht beleumdeten Schweinen vor die Schnauze zu werfen?

Fraglich ist, ob die Schweine – obwohl sie Allesfresser sind – die Perlen überhaupt anrühren, geschweige denn fressen würden. Vielleicht würden sie sich schnöde abwenden.

Jesus (Matthäus 7,6):

„Werft eure Perlen nicht den Schweinen vor."

Die Bedeutung der Redewendung ist, jemandem einen Gefallen zu tun, der nicht wertgeschätzt wird. Oder ein Geschenk überreichen, das seine Wirkung verfehlt, da das Präsent nicht gewürdigt wird.

213

„Den Gästen Champagner zu servieren, ist Perlen vor die Säue werfen."

„Dein Entgegenkommen ist so, als würdest du Perlen vor die Säue werfen."

Die erwähnten Perlen stehen für etwas Wertvolles, für Wahrheiten, für Bewahrenswertes, für Ratschläge und vergleichbare Bereiche. Sie sind also etwas Besonderes.

Die Säue stehen stellvertretend für Menschen, die die Wertigkeit – der Perlen – nicht erkennen und oder nicht wertschätzen. Sie könnten das Wertvolle sogar willentlich oder unwillentlich beschädigen oder vernichten, da sie den (meistens immateriellen) Wert nicht sehen (wollen).

Das Verb ‚werfen' zeigt eine stärkere Dynamik als weglegen oder weggeben. Etwas Wertvolles würde gegebenenfalls ‚würdevoll' überreicht. Werden in dieser Redewendung die Perlen unüberlegt oder ungeachtet (weg-)geworfen, zeigt das die vermittelte ‚Unwichtigkeit'. Dasselbe gilt, wenn die Perlen nicht entsprechend ihres Wertes genutzt/benutzt werden.

Der Gegensatz im Spruch soll die Sinnlosigkeit des Vorgehens verdeutlichen. Perlen gelten als edel, Säue sind einfach. Die Gegenüberstellung zeigt edel versus einfach. Was immer getan werden soll: Das Vorhaben oder die Bemühungen passen aufgrund der Gegensätze nicht zusammen. Alle Mühen sind sinnlos. Der Volksmund sagt manchmal:

„Vergebene Liebesmühe."

Schweine als Mörder, Killer und Kannibalen

*„Ich sage, es wird Zeiten geben, die von unseren Sorgen,
Nöten, Kleinigkeiten, Freuden und Schlechtigkeiten
nicht anders sprechen werden, als wir von Kannibalismus,
Menschenopfern, Blutschande, Fetischismus,
Hexerei, Inquisition und Folter."*
**Walther Rathenau, dt. Staatsmann
(1867 - 1922)**

„Kannibalismus im Schweinestall?"

Viel Gutes wurde über Schweine berichtet, inklusive deren Bedeutung im menschlichen Leben. Aber, wie heißt es so schön? Wo eine Sonnenseite ist, ist bekanntlich auch eine Schattenseite. Diese Schattenseite offenbart die ‚schwarzen Flecken' auf der sonst ‚weißen Weste'.

215

Werden Schweine unhygienisch und unter schlechten Bedingungen gehalten, kann es zu Kannibalismus unter den Schweinen kommen.

Sie werden aggressiv, beißen anderen Ohren und Schwänze ab, beißen oder kneifen ihnen in die Seite und so weiter. Unter Umständen fressen sie sogar vereinzelt Ferkel auf.

Grausame Zustände ergeben sich. Verletzte Schweine liegen im eigenen Blut und den eigenen Ausscheidungen. Es stinkt und der Stress ist förmlich greifbar. Die Schweine sind offensichtlich überfordert und total gestresst.

Schwanzbeißen und Ohrenbeißen

Ein Hausschwein kann ordentlich zubeißen. Es hat eine Beißkraft von 200 bis 300 psi (Pfundkraft pro Quadratzoll). Das entspricht ungefähr der Beißkraft eines Rottweilers oder eines Dobermanns.

Tiere unter Stress nehmen wahllos den Schwanz eines anderen Tieres in den Mund und lutschen daran, beißen ihn an oder beißen ihn sogar ab. Der Geruch von Blut lässt andere Schweine neugierig werden, sodass diese ebenso mit dem Schwanzbeißen beginnen.

Keineswegs wird hierbei ein spezielles Tier gemobbt oder das schwächste ausgesucht. Es gibt kein Opfertier. Das angebissene Tier wird wahllos gewählt.

Solche Verhaltensweisen sind zu beobachten bei falscher Fütterung, schlechtem Stallklima, bei Überbelegung, Langeweile oder auch bei fehlender Struktur der Schweine untereinander.

Ergibt sich in den Ohren eine Durchblutungsstörung, die ein Absterben von Gewebe nach sich zieht, entsteht für das Schwein ein gewisser Juckreiz. Saugen andere Schweine an den Ohren, wird dieser Juckreiz reduziert.

So wird das Saugen eines anderen Schweins am Ohr teilweise wohlwollend genossen.

Kupieren

Kupieren heißt, den Ringelschwanz des Tiers durch Beschneiden zu kürzen. Es scheint, dass in weit über 90 % aller Fälle den Ferkeln wenige Tage nach der Geburt der Schwanz kupiert wird. Laut Paragraf 5 des deutschen Tierschutzgesetzes ist das Kupieren des Schwanzes bei einem Ferkel, das jünger als vier Tage alt ist, ohne Betäubung erlaubt. Das Schwanzbeißen wird später deswegen reduziert auftreten. Und zwar deswegen, da sie weitestgehend nicht mehr da sind.

Schweine sind Tiere, keine Sachen

Paragraf 90a im BGB (Bürgerliches Gesetzbuch) hält seit dem Jahr 1990 fest:

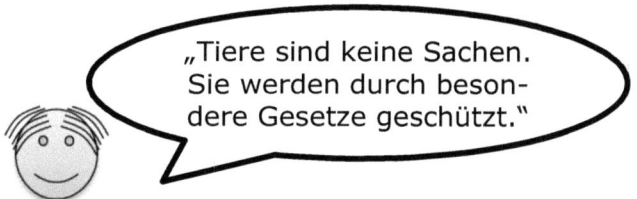

„Tiere sind keine Sachen. Sie werden durch besondere Gesetze geschützt."

Dementsprechend soll/muss mit ihnen umgegangen werden. Weiter:

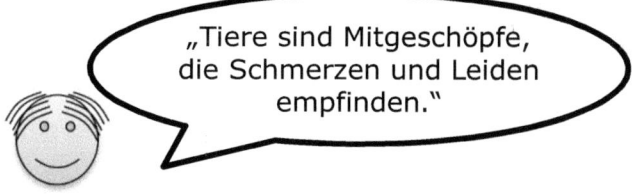

„Tiere sind Mitgeschöpfe, die Schmerzen und Leiden empfinden."

Wegen Dummheit gebissen?

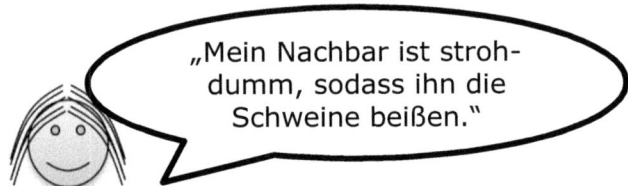

„Mein Nachbar ist stroh-
dumm, sodass ihn die
Schweine beißen."

Das ist interessant zu hören. Bedeutet es, dass nur dumme Menschen von Schweinen gebissen werden können?

Sind intelligente Menschen vor der Beißerei geschützt? Woher weiß das Schwein, welcher Mensch dumm oder intelligent ist?

Offensichtlich wird der Nachbar als unglaublich dumm, eben als strohdumm, eingestuft, weil er einfachste Aufgaben nicht lösen kann.

Er konnte sich augenscheinlich noch nicht einmal vor den Bissen der Schweine schützen.

Das Schwein vor Gericht

Vor einigen Jahrhunderten galten Tiere tatsächlich als schuldfähig. Es wird aus dem Mittelalter von mehreren hundert Verurteilungen verschiedener Tiere berichtet.

Im französischen Falaise in der Normandie biss ein Schwein im Jahr 1386 ein unbeaufsichtigtes Kleinkind ins Gesicht. Der Säugling starb.

So wurde das Schwein als Täter vor Gericht gebracht und zu Tode verurteilt. Als Strafe wurde ihm ein Bein ausgerissen.

Danach wurde es an den Hinterbeinen am Galgen aufgehängt, bis es verstorben war.

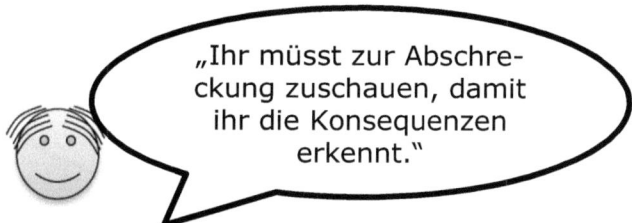

„Ihr müsst zur Abschreckung zuschauen, damit ihr die Konsequenzen erkennt."

Es wird berichtet, dass Schweine aus der Stadt als Mahnung dieser abschreckenden Hinrichtung als Zuschauer beiwohnten mussten.

In Savigny, Schweiz, trug sich im Jahr 1457 folgendes Verfahren zu. Eine Sau, begleitet von ihren 5 bis 6 Ferkeln, hat den fünfjährigen Jehan Martin getötet und teilweise gefressen.

Die Muttersau wurde verurteilt und erhängt. Da den Ferkeln keine Schuld nachgewiesen werden konnte, durften sie unbehelligt weiterleben.

Bekannt ist auch, dass in anderen Fällen komplette Schweinegruppen umgebracht wurden, weil sie beobachtet haben sollen, wie ein Tier ihrer Gruppe nach damaligem Gesetz straffällig geworden ist.

Ordentliche Gerichtsverhandlung

Bemerkenswert ist bei diesem Thema noch der Hinweis, dass die Schweine (und auch andere angezeigte Tiere) einer ‚ordentlichen' Gerichtsverhandlung unterzogen wurden, bei der dieselben gerichtlichen Rituale wie beim Menschen galten.

„Im Namen des Gesetzes ..."

Nebenbei: Der Herzog von Lothringen erlaubte ab dem Jahr 1607 keine Schweinezucht in der französischen Stadt Nancy.

Da sich Schweine frei bewegten und im Unrat wühlten, sorgten sie für eine unangenehme Geruchskulisse und für schädliche Unsauberkeit.

Der Ferkeltod

Manchmal lässt sich die Muttersau sehr schnell zur Seite fallen. Das unter ihr liegende Ferkel schafft es nicht mehr, zu entkommen. Es wird erdrückt. Das passiert gelegentlich jungen Säuen.

Die erfahrene Muttersau bewegt sich vorsichtig, sodass kein Nachwuchs zu Schaden kommt.

🐷 Teil 8 – Das medienpräsente Schwein

221

In der Kunst und im Leben

Die mediale Aufmerksamkeit

„Du musst meinen Kopf hochheben und dem Volk zeigen.
Einen solchen sieht man so bald nicht wieder!"
George Jacques Danton, frz. Justizminister
(1759 – 1794)

„Er treibt die Sau durchs Dorf."

Die zitierte Anweisung von Danton (1759 – 1794), seinen abgetrennten Kopf hochzuheben, soll von seinem Todestag stammen. Er richtete diese Worte an seinen Henker, kurz bevor der ihm sein Leben nehmen würde.

Schon immer war es notwendig, Aufmerksamkeit zu erregen, um in Erinnerung zu bleiben.

Heutzutage geschieht das durch Werbung aller Art, analog und digital. Täglich werden tausende Filmchen auf sozialen Plattformen hochgeladen, die die Bevölkerung animieren sollen, sie anzuschauen (und dadurch werbeträchtige Klicks zu erzeugen).

Früher gab es diese Art von Möglichkeit noch nicht. Im Gegenteil. Die bunte, bewegte Online-Welt war unbekannt. Es gab ein eintöniges, sich ständig Wiederholendes. Tag für Tag, Jahr für Jahr.

Aber: Fiel etwas aus dem Alltäglichen, erregte es Aufmerksamkeit.

Trieb der Bauer sein quiekendes Schwein durch das Dorf, schauten die Nachbarn begeistert und grinsend zu. Solch ein Moment brachte etwas Abwechslung in das alltägliche Leben.

Jemand sagt:

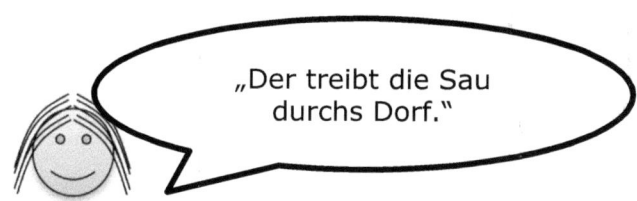

„Der treibt die Sau durchs Dorf."

Gemeint ist: Jemand produziert bewusst viel Aufmerksamkeit und gegebenenfalls Aufregung. Die dargestellte Aktion soll ablenken und soll, wie damals im Dorf, Aufmerksamkeit erzeugen.

223

Rhetorisch geschickt und gleichzeitig manipulierend eingesetzt, soll sie von etwas ablenken, das gerade im Gespräch ist – und wahrscheinlich wichtiger ist. Etwas, was vertuscht werden soll. Etwas, was aus der täglichen Diskussion verschwinden soll.

Die Sache, die Aufmerksamkeit und Ablenkung erzeugte, ist wieder schnell vergessen. Sie war sowieso unbedeutend.

Aber sie konnte zumindest für eine Weile das zu Vertuschende überdecken.

„Das Schwein im Logo bringt Umsatz.“

Hans im Glück freute sich über sein glückliches Dasein. Materielles war für ihn unwichtiger. Das ist – zumindest in hiesiger Kultur – eine seltenere Einstellung.

Ein Großteil der Menschen in hiesiger Kultur strebt nämlich danach, Umsatz zu erzielen und den eigenen Wohlstand zu vermehren.

So genießt die Gewinnmaximierung in den meisten Unternehmen eine hohe Priorität.

Kunden sollen auf die Produkte aufmerksam gemacht werden. Bestehende Kunden werden über Neuigkeiten und Verbesserungen informiert.

Nach außen soll das Unternehmen einen gewinnbringenden, einen überzeugenden Auftritt hinlegen.

Das Unternehmen muss wiedererkannt werden, sowie idealerweise positive Gefühle entstehen lassen.

Deshalb haben die meisten Firmen ein leicht wiedererkennbares Logo. Dieses ist auf ihrer Webseite, auf der Produktverpackung und/oder in der Dienstleistungsbeschreibung abgebildet.

Wenn möglich ist das Logo direkt am Produkt angebracht, auf (Online-)Briefpapier, am Dienstfahrzeug und so weiter. Das Logo soll positiv auffallen und einen guten Wiedererkennungswert haben.

So ist wieder mal das Schwein gefragt, stellvertretend zum Beispiel für ein Lebensmittel-Angebot oder für einen kulinarisch orientierten Betrieb.

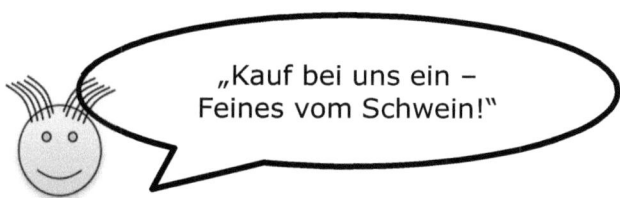

„Kauf bei uns ein –
Feines vom Schwein!"

Manchmal wird das Abbild eines echten Schweins gezeigt. Bevorzugt wird häufig ein Schweine-Cartoon mit einer lustigen Schweineabbildung, die den Betrachter sympathisch anlächelt.

225

Gerne auch ein anthropomorphes (‚anthropos' für ‚Mensch' und ‚morphe' für ‚Gestalt'; ‚in Menschengestalt'). Ein Bild, also in diesem Fall ein Schwein, in menschenähnlicher Gestalt dargestellt, eventuell auch mit einem Kleidungsstück ausgestattet.

Tieren (auch Göttern oder Naturgewalten) werden menschliche Eigenschaften zugeschrieben. Es entsteht eine Vermenschlichung der Tiere.

Das Schweine-Logo zieht den Blick auf sich, spricht an und sorgt für den Wieder-Erkennungswert. Es bleibt im Gedächtnis haften. Dass das Schwein in Wirklichkeit ganz und gar anders aussieht, macht nichts. Der Konsument weiß das sowieso.

Borstenvieh und Schweinespeck

„Das Schwein und der Künstler werden erst nach ihrem Tode geschätzt."
Johann Baptist Joseph Maximilian Reger, dt. Komponist
(1873 - 1916)

„Liebes Stachelschwein – die gehobene Kultur."

Schweine scheinen sehr medienpräsent zu sein. Sie finden sich in Literatur, im Film, in der Musik wieder.

Vom Komponisten Wolfgang Amadeus Mozart (1756 – 1791) stammt die Kanon-Sammlung ,Gaulimauli Stachelschwein'.

Ein Textauszug aus einem Kanon:

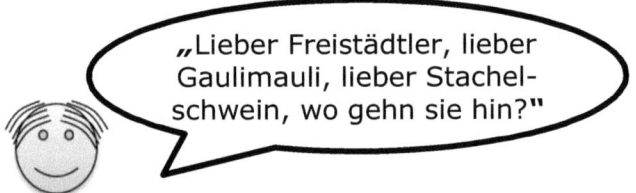

„Lieber Freistädtler, lieber Gaulimauli, lieber Stachelschwein, wo gehn sie hin?"

Mozart bezieht sich auf Gaulimauli (Franz Jakob Freystädtler, österreichischer Komponist, 1761 – 1841), der 1786 aus einer vierzehntägigen Haft entlassen wird. Er wurde bezichtigt, ein Klavier gestohlen zu haben.

Er war ein Schüler Mozarts. Mozart setzt sich für seine Freilassung ein. Franz Jakob Freistädtler starb in tiefer Armut.

Mozart und das Schweinekotelett

„Und was rieche ich? … Schweinekoteletts! Was für ein wundervoller Geschmack."

Diese Bewunderung soll aus einem Brief Mozarts an seine Frau Constanze entnommen sein. Der Brief wurde 44 Tage vor seinem Tod am 5. Dezember 1791 geschrieben.

Angeblich soll Mozart gerne Schweinefleisch, besonders Koteletts, gegessen haben.

So kam im Jahr 2001 die Vermutung auf, dass er möglicherweise an Trichinose (Infektionskrankheit, hervorgerufen durch Fadenwürmer) erkrankte und verstarb.

Beethoven und die Schweine

Der begnadete deutsche Komponist und Pianist Ludwig van Beethoven (1770 – 1827) sollte an einem Abend vor ausgesuchten Gästen in einem schön hergerichteten Salon spielen. Solche Aktionen waren begehrt und kamen häufiger vor.

Beethoven war mitten in seinem Spiel, als er immer wieder Gespräche von einer Seite vernahm. Plötzlich rief er:

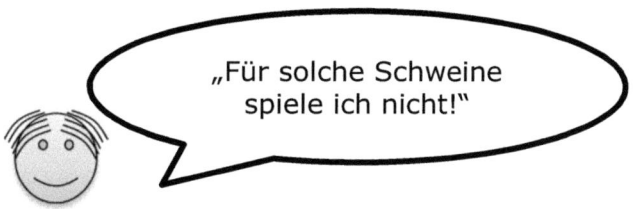

Er brach seine Darbietung ‚3 Märsche, Opus 45' ab.

Er ärgerte sich sehr über den jungen Grafen P., der, lässig im Türrahmen des Salons stehend, sich laut mit seiner Begleitung im Nachbarzimmer unterhielt. Der achtete wohl nicht auf die künstlerische Leistung Beethovens.

Beethoven soll aufgestanden sein und sich kategorisch geweigert haben, weiterzuspielen. Die Stimmung im Salon war gekippt und nicht mehr gut, wie sich vorstellen lässt. (Quelle: Bericht vom Komponisten Ferdinand Ries (1784 – 1838), Freund von Beethoven).

Nicht übermittelt ist die Reaktion des Grafen P., der für diesen Eklat sorgte.

Der Schweinezüchter mit seinem Lebenszweck

Gehören Schweine auf die Opernbühne? Wer weiß.

In einer lustigen Operette können gut Schweine auftreten. Das dachte wohl auch der brillante österreichische Komponist Johann Baptist Strauss Sohn (1825 – 1899).

Er brachte die oft aufgeführte Operette ‚Der Z*baron' (Z* zur Vermeidung der Diskriminierung) 1885 in Wien zur Uraufführung.

Schwungvoll und gestenreich singt dort der reiche Schweinezüchter Kálmán Zsupán:

„Ja, das Schreiben und das Lesen,

Ist nie mein Fach gewesen,

Denn schon von Kindesbeinen

Befass' ich mich mit Schweinen."

...

„Mein idealer Lebenszweck
ist Borstenvieh,
ist Schweinespeck."

Ein Hoch auf das von ihm geliebte Borstenvieh, das vermehrungsfreudige Schwein. Und vom Tier produziert: der schmackhafte Schweinespeck.

229

Kein Schwein ruft an

Der deutsche Sänger Max Raabe (*1962, eigentlich Matthias Otto) singt 1993:

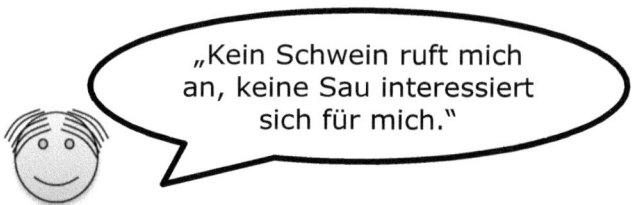

„Kein Schwein ruft mich
an, keine Sau interessiert
sich für mich."

Das klingt traurig. Es gibt nur einen Anruf auf dem Anrufbeantworter (heutzutage Voicemail). Den einer Frau, die sich entschuldigt, da sie sich verwählt hatte. Das ist tatsächlich traurig.

Das kann kein Schwein lesen

Woher kommt die Redewendung: „Das kann kein Schwein lesen"?

Die Formulierung ‚kein Schwein' soll von ‚keen swyn' kommen und bedeutet ‚keiner der Familie Schwein'.

Die Familie Swyn lebte im 17. Jahrhundert in Schleswig.

Menschen, die weder lesen noch schreiben konnten, nahmen deren Dienste bei Behördengängen gerne an.

Manchmal konnte die Familie nicht weiterhelfen, wenn beispielsweise die Unterlagen unlesbar oder unbrauchbar waren.

Dann hieß es: ‚Das konnte keen swyn lesen.' Heute um gewandelt in:

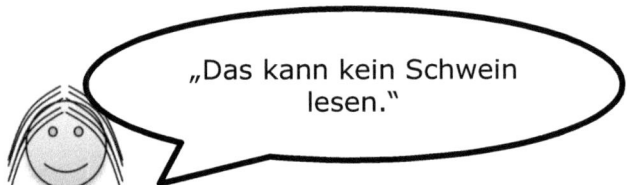

„Das kann kein Schwein lesen."

Schweine und Männer

Im Jahr 1998 bringt die deutsche Punkrock-Band ‚Die Ärzte' das Musikalbum mit dem Titel heraus: ‚Ein Schwein namens Männer.'

Im Liedtext heißt es:

„Männer sind Schweine!"

Da muss Mann schon heftig schlucken, wenn er dem kompletten Liedtext folgt. Ihm werden einige ungeheuerliche Dinge vorgeworfen. Ob an den Vorwürfen ‚etwas dran' ist?

Na, das soll nicht ganz so dramatisch gesehen werden, gibt es doch auch ehrbare Männer, die keine ‚bösen' Absichten haben.

Die Schweine dürfen sich beruhigen, dass die zwielichtigen Männer ihnen gleichgesetzt wurden.

Wie bei den Schweinen, gibt es bei den Männern solche und solche.

231

Auf einem Bein rutscht sich gut

Der deutsche Dramatiker Bertolt Brecht (1898 – 1956) dichtete über alle möglichen Tieren, von der Kellerassel bis zum Elefanten in ‚Tierverse'.

Schön, dass für das Schwein auch ein Vers eingeräumt wurde:

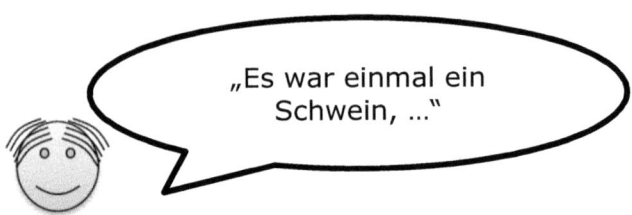

„Es war einmal ein Schwein, ...‟

Nun, das ist zuerst einmal nichts Besonderes. Allerdings, sein Schwein ... das hatte nur ein Bein.

Nur ein Bein von vier, echt tragisch. Offensichtlich aber erwähnenswert. Vielleicht auch deswegen, weil es ‚ins Veilchenbeet hinein‘ rutscht.

232 Die Sau von Landser

Von Albrecht Dürer dem Jüngeren (1471 – 1528) stammt ein Kupferstich aus dem Jahr 1496. Dort wird ein aufmerksamkeitsweckendes Schwein abgebildet. Der Titel heißt ‚Die wunderbare Sau von Landser‘, im Volksmund umgetauft in ‚Die missgebildete Sau von Landser‘.

Der Kupferstich stellt ein missgebildetes Schwein dar, das etwa ein Jahr vorher geboren wurde.

Das abgebildete Schwein hat zwar nur einen Kopf, aber zwei Leiber, zwei Zungen, vier Ohren, acht Beine – wobei davon zwei auf dem Rücken nach oben ragen. Besser als nur ein Bein, wie das bedauernswerte Schwein von Brecht.

Alltagsszenen mit Schwein

Ein Genrebild ist ein Bild/Gemälde, das eine Alltagsszene zeigt.

Der niederländische Maler Barent Fabritius (1624 – 1673) fertigte um das Jahr 1656 und 1665 zwei Gemälde namens ‚Das geschlachtete Schwein‘ an.

Ein totes Schwein ist an den Hinterbeinen aufgehängt. Der Bauch ist der Länge nach aufgeschnitten. Die Bilder ähneln sich, wobei der Blickwinkel auf die geöffnete Bauchhöhle für den Besucher unterschiedlich ist. Ein ungewöhnliches Gemälde, dass die Realität des Alltags der Abgebildeten zeigt.

233

Der niederländische Maler Johannes Evert Hendrik Akkeringa (1861 – 1924) erstellte ein Werk namens ‚Der Dries bei den Schweinen‘. Dries ist ein Jungenname.

Zu sehen sind einige Schweine in einem Schweinekoben (auch Koven), einem Pferch im Freien. Der Junge, behütet von einer hinter ihm stehenden Frau, steht am Zaun der Stallung und beobachtet aufmerksam das Treiben der Schweine.

Die Schweineorgel

Manchmal erzeugen verrückte Ideen wundersame Blüten.

König Ludwig XI., genannt der Kluge (1423 – 1483), war König von Frankreich.

Neben wichtigen Dingen hatte er wohl auch ‚verrückte'
Ideen.

Er soll der Legende nach den Musiker Abbé de Baigné mit
solch einer dieser verrückten Idee überrascht haben.

Der Abbé war berühmt dafür, neue Instrumente zu erfin-
den. Nun erhielt er den Auftrag, eine Konstruktion namens
‚l'orgue à cochons' etwa ‚Schweineorgel' zu bauen.

Ludwig XI. ging von der Unmöglichkeit eines solchen Instruments aus. Ob ihn seine klugen Überlegungen täuschen würden? Tatsächlich wurde eine Orgel erfunden.

Einige Schweine wurden in ein enges Gestell eingeklemmt.
Dann wurden sie mithilfe einer hölzernen, stacheligen Kla-
viatur angestoßen. Das tat den Schweinen weh.

Deshalb erzeugte das Pieken ein Schreien beziehungsweise Quieken der betroffenen Schweine. War das wirklich
klug?

Die Schweineorgel funktionierte. Die entstandene Melodie
war allerdings wohl ohrenbetäubend. Damals aufsehener-
regend, heute undenkbar.

Der Begriff Schweineorgel wird auch abwertend verwendet
für ein einfaches Akkordeon oder für ein Harmonium.

Moral und Nachdenkliches

„Ein Schwein hält das andere für das Schönste."
Epicharmos, gr. Arzt
(um 550 - 460 v. Chr.)

„In der Märchenwelt und im realen Kabarett."

Der singende Knochen von den Gebrüdern Grimm (Jacob Ludwig Karl Grimm 1785 – 1863 und Wilhelm Carl Grimm 1786 – 1859), deutsche Märchensammler.

Ein aggressives Wildschwein soll auf Anweisung des Königs getötet werden. Wem das gelingt, erhält zur Belohnung die Tochter des Königs. Eine klassische Ausgangslage für ein Märchen.

235

Zwei Brüder ziehen los. Der jüngere Bruder tötet das Tier. Der Ältere tötet den Bruder und heiratet die Tochter des Königs. So ungerecht ist die Welt. Die Moral muss folgen:

Ein Hirte schnitzt nicht wissend aus den Knochen des getöteten Bruders ein Mundstück für sein Horn, welches immer die Wahrheit sagt:

„Mein Bruder hat mich erschlagen, unter der Brücke begraben, ..."

„... um das wilde Schwein, für des Königs Töchterlein."

Die Wahrheit kommt ans Licht. Der ältere Bruder wird bestraft. Welche Tragödien ein Wildschwein anrichten kann … und welche ein Bruder anstellt.

Der Schweinehirt von Hans Christian Andersen (1805 – 1875), dänischer Schriftsteller.

Ein verarmter Prinz möchte die Tochter eines Königs heiraten. Aber die Prinzessin lehnt den Prinzen und seine hochwertigen Geschenke ab. Sie zeigt ihm nicht die gewünschte Zuneigung. Dafür die ‚kalte Schulter‘. Auch dieser Märchenstart darf als typisch angesehen werden.

So verkleidet sich der Prinz notgedrungen als Schweinehirt und arbeitet fortan unerkannt im Schweinestall des Königs.

Mit den Klängen eines selbst gebauten Instruments erweicht er das Herz der Prinzessin. Sie möchte das Instrument besitzen. Im Tausch für das Instrument möchte er die Prinzessin küssen. Sie lässt sich auf den Tausch ein.

Der König sieht das und ist nicht begeistert. Er weist beiden die Tür. Haben die beiden jetzt eine gemeinsame Zukunft?

Nein. Der Prinz lässt die Prinzessin nun schnöde abseitsstehen, da sie ihn als Prinz mit seinen kostbaren Geschenken verachtet hatte.

Die goldene Wurzel von Giambattista Basile (1583 – 1632), italienischer Märchenerzähler.

Der Vater schenkt seinen drei Töchtern jeweils ein Ferkel. Die Jüngste muss ihr Schwein in den Wald führen und dort nach Futter suchen lassen. Die Schwestern lassen sie nicht auf die Wiesen.

Dabei findet sie im Wald eine goldene Wurzel, die die weiteren Geschicke und Widrigkeiten beeinflusst.

Auch in diesem Märchen gibt es Mord und Totschlag, sowie andere Grausamkeiten. Ein Wunder, dass die Moral im letzten Satz wie folgt ausgeschrieben wird:

237

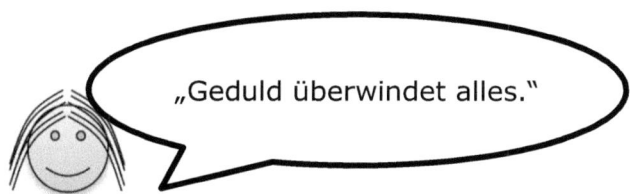

„Geduld überwindet alles."

Vom Verbleib der Ferkel ist nichts bekannt.

Die Handpuppe

Die durchsetzungsfähige, selbstbewusste und bewundernswerte Miss Piggy aus der Muppet-Show (Erfinder: Jim Maury Henson, 1936 – 1990, US-am. Puppenspieler) dürfte seit 1974 vielen Kindern bekannt sein. An ihrer Seite behauptet sich ihr heiß begehrter bester Freund Kermit der Frosch.

In der Kabarettsendung ‚Mitternachtsspitzen‘ treten die Schweine Thorsten (Wildschwein) und Steffi (Hausschwein) auf. Sie werden vom Puppenspieler Michael Hatzius (*1982) geführt und gesprochen.

Die beiden Schweine sinnieren über die unterschiedlichsten Themen und beleuchten diese kritisch und humorvoll aus ihrem Blickwinkel.

Im Jahr 2021 übernahm der Gastgeber Christoph Sieber (*1970) die Sendung Mitternachtsspitzen, die immerhin seit 1988 erfolgreich läuft.

Die beiden deutschen Kabarettisten Jürgen Becker (*1959) und Wilfried Theodor Schmickler (*1954) legten den Grundstein für diese erfolgreiche Kabarettsendung.

Der Bauchredner Sebastian Reich (*1983) tritt mit seinem Nilpferd Amanda und dem Schwein PigNic seit 2011 mit originellen Dialogen zum Beispiel bei ‚Fastnacht in Franken‘ auf.

Handpuppen zeigen den großen Vorteil, aus ‚ihrer Rolle‘ reden zu können. Sie sprechen mit den Politikern, machen ihnen Angebote und Vorwürfe, ohne dass sie als Puppen belangt werden können.

So kann der Bauchredner seine Puppen Kritisches aussprechen lassen oder die ungeschminkte Wahrheit vermitteln.

In der Regel zur Begeisterung des Publikums.

Die Marionette

Im Jahr 1969 wurde vom deutschen Schriftsteller Max Kruse (1921 – 2015) das Buch ‚Urmel aus dem Eis‘ fürs deutsche Fernsehen verfilmt.

Die ‚Augsburger Puppenkiste‘ inszenierte die Geschichte mit Marionetten.

Auf der Insel Titiwu leben neben wenigen Personen einige Tiere, die es – trotz Sprachfehler – geschafft haben, wie Menschen zu sprechen.

In der Geschichte heißt es, dass von allen Tieren die liebevolle Frau Wutz, die in einer Tonne wohnte, am fehlerfreisten sprechen konnte. Nur beim Atem holen rutschte ihr ein schweinetypisches ‚öff‘ aus der Schnauze.

239

Bei Besuch von Fremden bestand sie übrigens selbstbewusst auf der Anrede ‚Frau Wutz‘ und nicht etwa ‚Fräulein Wurz‘.

Die Propaganda

Das Schwein Jolanthe und die Kuh Flora wurden in der DDR zwischen 1959 und 1961 zu Propagandazwecken eingesetzt.

Aus der Zeitung ‚Neues Deutschland‘, 1966: „Sie rüttelten an Stalltüren, machten dem Bürokratismus das Leben schwer.“

Freies Leben versus Gewaltherrschaft

Im Buch ,Farm der Tiere' aus dem Jahr 1945 vom britischen Schriftsteller George Orwell (1903 – 1950) geht es ,hoch her'.

Der ständig betrunkene Bauer Jones behandelt seine Tiere auf der Herren-Farm aggressiv und nachlässig. Die Tiere finden sich zusammen und erheben sich gegen die Herrschaft des menschlichen Besitzers. Tatsächlich gelingt es ihnen, den Farmer zu vertreiben.

Nun sind alle gefordert. Jeder bringt ein, was er kann. Tatsächlich können sie die Farm erfolgreich bewirtschaften.

Im Laufe der Zeit fühlen sich die drei intelligenten Schweine Napoleon (in französischen Versionen César), Schneeball und Schwatzwutz berufen, die Abläufe zu koordinieren, die anderen Tiere anzuführen und ,die Regie' auf der Farm zu übernehmen.

Die von ihnen erlassenen Gebote finden anfangs allgemeine Zustimmung unter den tierischen Bewohnern.

Das 7. Gebot sagt aus:

„Alle Tiere sind gleich."

Das freut alle Tiere.

Allerdings: Nach und nach verhalten sich die Schweine immer bestimmender und errichten schließlich eine Gewaltherrschaft nach ihren Vorstellungen. Es bleibt nicht aus, dass sie sich aufgrund ihres wachsenden Status bestimmte Privilegien und Sonderrechte herausnehmen.

Es kommt, wie zu erwarten war, zum Eklat. Sie lassen sogar vier Schweine und drei Hennen hinrichten.

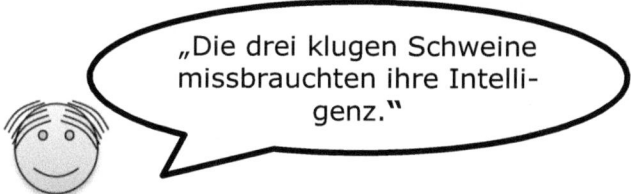

„Die drei klugen Schweine missbrauchten ihre Intelligenz."

241

Die Herrschaft der Gewalt funktioniert nur noch nach den Vorstellungen der drei ‚abgehobenen' Schweine. Ein traurig machendes Zitat aus dem Buch, ziemlich am Ende des Textes:

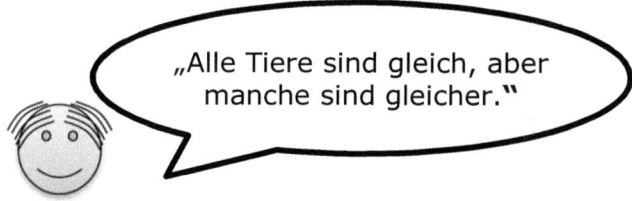

„Alle Tiere sind gleich, aber manche sind gleicher."

Mit dieser Geschichte gelang George Orwell eine Parallele zu den Geschehnissen in der Sowjetunion herzustellen.

Übrigens war das Buch in der DDR verboten.

„Hans Wurst – Das versteckte Schwein?"

Hans Wurst beziehungsweise Hanswurst (ursprünglich Hans Worst) ist eine Figur von Sebastian Brant (1457/8 – 1521, geboren in Straßburg) ‚Narrenschiff' aus dem Jahr 1494. Sebastian Brants war Stadtschreiber und später geachteter Schriftsteller.

Das Narrenschiff

Das Werk ‚Narrenschiff' umfasst mehr als 113 Verse, beziehungsweise Kapitel, vollgestopft mit reimenden Zeilen. Ein Beispiel aus Kapitel 72 ‚Vom groben Narren':

> „Der Narr die Sau bei den Ohren hält
> Und schüttelt sie, dass die Sauglock klingt
> Und sie den Moringer ihm singt.
> Die Sau führt jetzt allein den Tanz,
> Sie hält das Narrenschiff am Schwanz."

Das Lied ‚Vom edlen Moringer' war ein damals sehr bekanntes Volkslied, ein sogenanntes Saulied.

Hanswurst trägt eine rote Jacke, eine gelbe Hose, ein blaues Brustteil und – vor allem – einen Narrenhut.

Er ist ein etwas tollpatschiger, leicht dicklicher Mann, der als Narr auftritt. Als Narr darf er sich verhalten, wie er will.

In den Städten Aachen, Bonn, Düsseldorf und Köln war er der Vorläufer des Prinzen im Karneval.

Im Jahr 1823 erscheint er erstmals im Rosenmontagszug in Köln und 1828 in Bonn.

Woher die Namensbezeichnung Wurst kommt, ist ungeklärt. Ob er vielleicht ein verstecktes Schwein beherbergt?

Saulied

Im Mittelhochdeutschen gibt es ‚môre‘ *für* ‚schwarze Sau‘. Das Wort steht auch für Mutterschwein und Zuchtschwein.

Ein Saulied zeichnet sich durch einen lustigen, frechen Text aus, der sich rund um das Schwein dreht.

Hier eine Zeile aus einem alten Saulied (nicht zu verwechseln mit einem Sauflied):

243

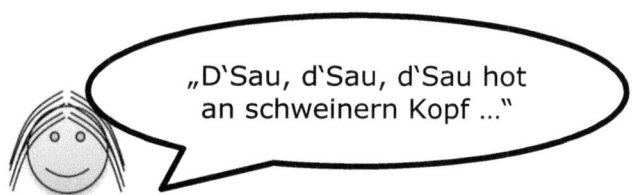

Das stimmt zweifellos. Und später im Text:

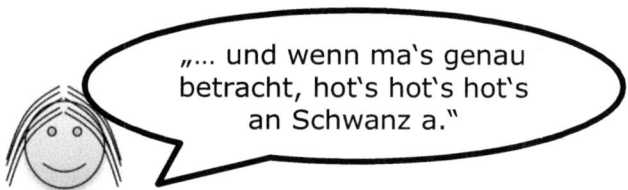

Ein sehr tiefgreifender Text …

Die bunte Sau

„Die Welt farbenprächtiger machen."

Na, denn mal raus aus den langweiligen Grautönen. Oder, um bei den Schweinen zu bleiben, raus aus den Rosafarbenen.

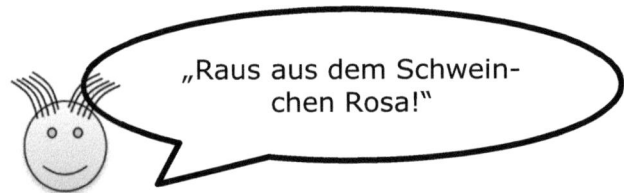

„Raus aus dem Schweinchen Rosa!"

244

Tatsächlich zeigen sich einige farbige Sauen.

Die blaue Sau

Blau ist die Farbe für Seriosität und Beständigkeit, eventuell für die Wahrheit.

Der deutsche Komponist Arno Schreier (*1979) und der deutsche Regisseur Jürgen R. Weber (*1963, Libretto) veröffentlichten im Jahr 2023 die Superheldenoper ‚Die blaue Sau'.

Vier Kinder werden zu Superhelden. Sie sollen in einer Parallelwelt die blaue Sau retten. Der klassische Kampf Gut gegen Böse beginnt.

Die weiße Sau

Weiß ist die Farbe für Unschuld und Reinheit. Die weiße Sau ist ein Likör mit Pfirsich und Maracuja.

Die schwarze Sau

Wie weiter oben ausgeführt, steht ,schwarze Sau' für das Zuchtschwein.

Die schwarze Sau klingt etwas unheimlicher als die weiße Sau. Sie verbirgt etwas Mysteriöses, Unbekanntes aber Besonderes. Sie weckt Neugierde. Und tatsächlich ist sie auch der Name eines Lakritzlikörs.

Die gelbe Sau

245

Gelb ist eine Signalfarbe. An bestimmten Sommertagen brennt die Sonne regelrecht vom gelbfarbenen Himmel. Dann wird von der Sonne, der gelben Sau, gesprochen. Das Signal der Sonne findet sich unter Umständen als Sonnenbrand auf der Haut wieder.

Die rote Sau

Rot steht für Dynamik und Kraft. Kein Wunder, dass ein Mercedes-Rennwagen (300 SEL 6.8 AMG) als rote Sau bezeichnet wurde.

Das Fahrzeug war auffällig knallrot lackiert und brachte im Jahr 1971 stolze 428 PS auf der Rennpiste.

Der Mensch ist ein vernünftig Tier

„Bauern sind vollkommene Schweine."
Martin Luther, dt. Reformator
(1483 - 1546)

„Ist gegenseitiges Töten vernünftig?"

Der Reformator Martin Luther (1483 – 1546) behauptete:

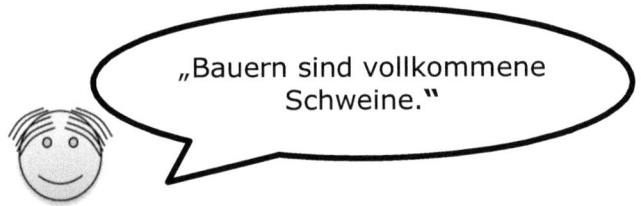

„Bauern sind vollkommene Schweine."

246

Das ist kein Wunder, da er sich wohl auf die Bauernaufstände (1524 – 1526) bezog, die er – zumindest indirekt – mitzuverantworten hatte.

Angeblich verloren etwa 70.000 Bauern ihr Leben in den Schlachten oder durch Hinrichtungen. Sie standen zu Fuß mit Heugabeln, Dreschflegeln und Sauspießen (auch Saufeder, eingesetzt bei der Jagd) bewaffnet den militärisch gut ausgerüsteten Soldaten in ihren Rüstungen auf Pferden gegenüber. Sie hatten so gut wie keine Chance.

Menschen verhalten sich schlecht wie Tiere?

„Männer sind Schweine."

Das behauptet der oben erwähnte Liedtext.

Ja, wenn betrachtet wird, was Menschen, überwiegend Männer, anderen Menschen antun und antaten ... Ein Blick auf die Französische Revolution (1789) zeigt die führenden Köpfe, die sich auf zwei Seiten gegenüberstehen:

Der französische Revolutionär Maximilien Marie Isidore de Robespierre (1758 – 1794) und sein Gegenspieler, der französische Justizminister George Jacques Danton (1759 – 1794).

Ein Zitat des Ersterwähnten:

„Die Verteidiger der Freiheit werden immer nur Geächtete sein!"

247

Und der Gegenspieler:

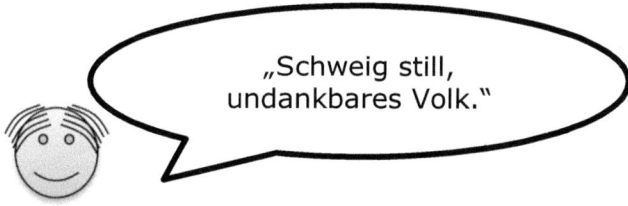

„Schweig still, undankbares Volk."

Trotz unterschiedlicher Einstellung wurden beide hinge-richtet. Ironie der Geschichte: perfiderweise von demsel-ben Henker, Chevalier Charles-Henri Sanson de Longval (1739 – 1806).

Übrigens gehörte auch der französische König Ludwig XVI. (1754 – 1793) zu seinen insgesamt 2.918 Enthaupteten! Ein sehr professionell arbeitender Henker.

Der Mensch verhält sich seinen Artgenossen gegenüber aggressiver als Tiere das täten.

Menschen verhalten sich gut wie Tiere?

Verhält sich der Mensch nun wie ein Tier, oder ist er gar eines?

Anicius Manlius Torquatus Severinus Boethius, römischer Staatsmann (um 480 – um 524) wird zitiert:

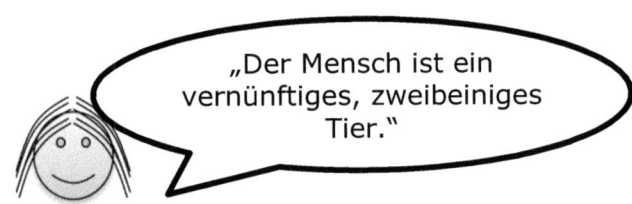

„Der Mensch ist ein vernünftiges, zweibeiniges Tier."

Ist der Mensch zeitweise doch vernünftig?

Der schottische Philosoph Thomas Carlyle (1795 – 1881) behauptet:

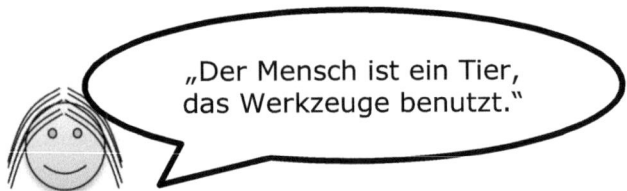

„Der Mensch ist ein Tier, das Werkzeuge benutzt."

Manche Tiere benutzen ebenso Werkzeuge.

Das Benutzen von Werkzeugen wird bei Tieren als ‚tierische Intelligenz' beschrieben. Wird das Tier etwa Menschen ähnlich?

Immanuel Kant, deutscher Philosoph (1724 – 1804) sagt:

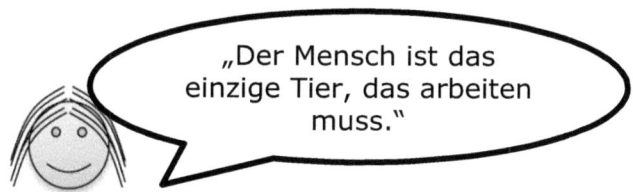

„Der Mensch ist das einzige Tier, das arbeiten muss."

Ist Nestbau keine Arbeit?

Ungeachtet aller denkbaren Kritik an den Äußerungen: Alle drei Zitierten – und unzählige andere auch – stimmen darin überein, dass der Mensch ein Tier ist.

249

Nun, es wird deutlich, dass im Menschen zumindest ein Tier zu stecken scheint. Warum sollte es nicht das Schwein sein? Nicht vergessen, dass das Schwein etwa 98% gleiche Gene wie der Mensch besitzt.

Aus biologischer Sicht gehört der Mensch sowieso zur Klasse der Säugetiere und zur Ordnung der Primaten.

Ein naher Verwandter ist der Schimpanse. Von ihm ist bekannt, dass er Artgenossen töten kann, was er auch hin und wieder tut. Eine Gruppe Schimpansen zieht dann los, mit dem klaren Ziel, eine andere Gruppe zu vernichten. Sehr menschlich.

Tiere mit menschlichem Verhalten

„Der Mensch ist das mutigste Tier."
Friedrich Wilhelm Nietzsche, dt. Schriftsteller
(1844 - 1900)

„Der bildhafte Transfer in die Tierwelt."

Es ist bemerkenswert, dass George Orwell (1903 – 1950) reale Geschehnisse in den Verlauf seiner Geschichte brachte. Sogar tatsächlich existierende politische Persönlichkeiten sind durch die Tierpositionen vertreten.

Auf den ersten Blick kann die Fabel (,Farm der Tiere') harmlos – weil fiktiv – gesehen werden; trotzdem mit erschreckendem Ausgang.

250 Faszinierend und zugleich aber auch erschreckend ist, dass der Transfer tatsächlicher Gegebenheiten in dieser tierischen Darstellung so greifbar gelingt.

Tierische Vergleiche

Wie an vielen Beispielen gezeigt, ist das menschliche Leben durchdrungen von tierischen Vergleichen.

Redewendungen mit ,animalischem' Bezug offenbaren menschliche Stärken und Schwächen.

Hat das damit zu tun, dass die Tierwelt bereits vor den Menschen existierte? Dass der Mensch bildlich gesprochen in eine schon bestehende Welt hineinwuchs, auf der bereits Tiere zu Hause waren?

Oder ist es deswegen, weil sich der Mensch als Krönung aller Lebewesen sieht? Dass er alle anderen Lebewesen, demnach Pflanzen und Tiere, als ‚niederrangig' betrachtet?

Tatsächlich könnte es sein, dass der Mensch in der Tierwelt häufig sein eigenes Verhalten wiedererkennt. Außerdem ist es oft leichter, sein Handeln bei anderen oder mit anderen (Tieren) zu vergleichen, als sich selbst in Rechenschaft zu nehmen.

Der Vergleich mit einem Tier veranschaulicht eine Situation bildhafter, damit eindringlicher.

Es ist leichter zu sagen ...

251

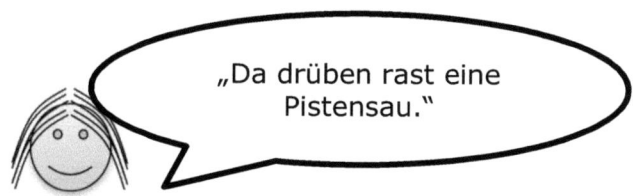

... als ...

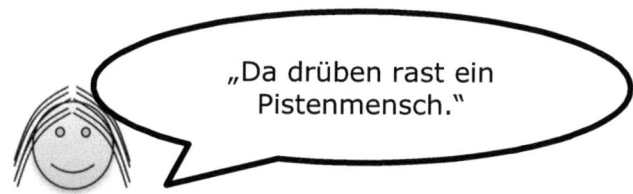

Die Pistensau verhält sich rücksichtslos auf der Abfahrt und rast nach eigenem Belieben, ohne auf andere Skifahrer zu achten.

Tatsächlich klingt Pistensau herausfordernder, passender und zutreffender als Pistenmensch.

Letzterer klingt harmlos und nichtssagend. Er befindet sich auf der Piste. Schön.

Die Verwendung ‚Pistensau' erwartet etwas Unangenehmes, etwas Aggressives. Etwas, was Dynamik offenbaren wird. Und genauso ist es.

Das Wort Pistensau öffnet bei den meisten Menschen direkt ein Bild mit Bewegung, Emotionen, eventuell Erinnerungen. Häufig mit Gedanken an Rücksichtslosigkeit und Egoismus.

Wird eine Situation mit einem Bild verglichen, kann sich der Gesprächspartner die besondere Situation leichter vorstellen.

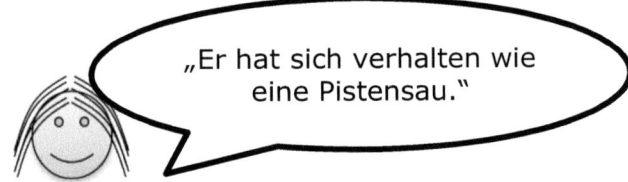

„Er hat sich verhalten wie eine Pistensau."

Oder:

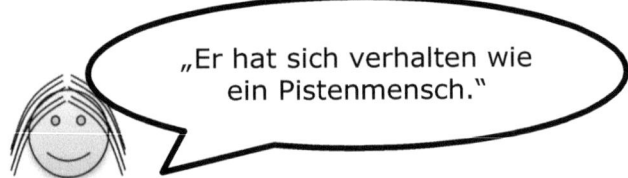

„Er hat sich verhalten wie ein Pistenmensch."

Welche Aussage regt wohl die Gedanken mehr an?

Die zwischenmenschliche Kommunikation kann durch entsprechende Beschreibung lebhafter, anregender werden.

Die Kunst des Redens, die Redekunst, zeigt hier deutlich ihre Möglichkeiten.

Positiv verstärken

Es empfiehlt sich, nicht zu übertreiben. Und vor allem nicht beleidigend oder diskriminierend zu werden.

Negative tierische Verstärker sollten nur gezielt eingesetzt werden. Dann, wenn eine Situation dramatisch, düster oder zum Beispiel angsteinflößend gestaltet sein soll.

Und nicht vergessen, dass das Schwein auch in einer positiven Situation ‚zitiert‘ werden kann.

253

254

 # Epilog

255

Epilog – Zum Ausklang

Ein Lob auf das Schwein

„Schweigend und ohne ein Wort zu reden,
sich in Gesellschaft miteinander vollstopfen,
ist nur den Schweinen eigen
und für den Menschen vielleicht unmöglich.“
Plutarch von Charonea, gr. Philosoph,
(45 - 120)

„Alles Gute liebes Schwein.“

Liebe Leserin, lieber Leser, ich gratuliere, dass Sie sich durch die schweinische Vielfalt der Rhetorik gelesen haben.

Es zeigt, wie häufig in der Sprache Vergleiche mit Tieren, hier mit Schweinen, gezogen werden.

Es ist fast erschreckend zu erkennen, welche rhetorisch verstandene Kraft das Wort ‚Sau‘ hat. Und immer wieder ist es interessant zu erfahren, welche Bedeutung bestimmte Redensarten und Redewendungen unsere weit entfernten Vorfahren geprägt haben.

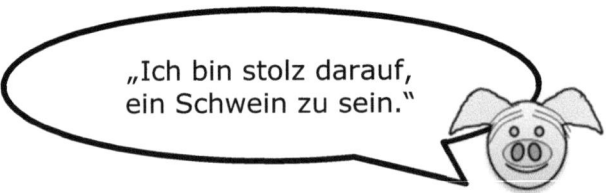

„Ich bin stolz darauf, ein Schwein zu sein.“

256

Viele Spracheigentümlichkeiten, die Schwein, Sau oder Ferkel bemühen, finden sich nach wie vor in Dialogen, Vorträgen und gesellschaftlicher Kommunikation. Das Schwein hat es geschafft, sich in der menschlichen Kommunikation zu etablieren.

Bemerkenswert ist die Erkenntnis zum Bereich der schweinischen Intelligenz und Kommunikationsfähigkeit. Hier werden Forschende höchstwahrscheinlich noch überraschende Ergebnisse finden, so ist anzunehmen.

Unser Bild zu Schweinen wird sich unter Umständen noch ändern (müssen).

Möglicherweise gelingt es – auch nur in Gedanken – dem Schwein eine gewisse Wertschätzung zu gönnen.

257

Vielleicht sehen Sie das liebe Borstenvieh mit anderen Augen und zwinkern ihm zu, wenn Sie es beispielsweise als Logo erspähen.

Viel Erfolg in Ihren zukünftigen Gesprächen und der Erinnerung an die Schweine-Rhetorik. Das wünscht Ihnen

Horst Hanisch

„Mama, in der Schule sagen alle, Papa wäre ein Schwein."
„Ja mein Sohn, das stimmt."

259

Stichwortverzeichnis

260

261

262

263

264

265

266

267

Knigge als Synonym und als Namensgeber – Umgang mit Menschen

„Suche weniger selbst zu glänzen,
als anderen Gelegenheit zu geben,
sich von vorteilhaften Seiten zu zeigen,
wenn Du gelobt werden und gefallen willst.“
Adolph Franz Friedrich Ludwig Freiherr Knigge,
aus dem Buch „Über den Umgang mit Menschen“, 1788,
dt. Schriftsteller und Aufklärer (1752 - 1796)

Adolph Freiherr Knigge

Schon zu seinen Lebzeiten war Adolph Freiherr Knigge (1752 – 1796) bei vielen Zeitgenossen umstritten. Knigge setzte sich durch sein energisches Eintreten für die Ziele der Aufklärung, so wie er sie verstand, scharfen Angriffen aus. Er arbeitete als Romanschriftsteller und Satiriker, sowie als politischer Schriftsteller.

Er gehörte den Freimaurern an. Heute ist Knigge vor allem durch sein Buch ‚Über den Umgang mit Menschen' (1788) bekannt.

Und zwar deswegen, weil sein Werk als Etikette-Buch angesehen wird. Knigge verdankt seinen heutigen Ruf und Erfolg aber einem Missverständnis. Denn: Das Werk Adolph Freiherr Knigges gilt als Etikette-Buch ersten Ranges. Allerdings beschreibt Knigge keine Regeln wie mit Besteck umzugehen ist, oder das Verhalten bei Tisch, stattdessen offenbart er eine praktische Lebensphilosophie im Umgang mit Mitmenschen.

Er gibt Anleitungen und Anregungen, wie mit seinen Mitmenschen zwischenmenschlich harmonisch und ‚richtig' umzugehen ist.

Knigge hoffte damit, dass die Menschen glücklich und froh miteinander leben könnten.

Sein Buch erschien 1788 und war schon nach kurzer Zeit in fast allen Haushalten zu finden.

Über 200 Jahre lang prägte sich sein Buch im Bewusstsein der Leser als praktisches Handbuch über gutes Benehmen ein. In drei Teilen seines Buches hat Knigge in vielen Kapiteln über den Umgang mit verschiedenen Menschengruppen geschrieben, zum Beispiel:

269

- Über den Umgang mit Leuten von verschiedenen Gemütsarten, Temperamenten und Stimmungen des Geistes und des Herzens (Erster Teil, 3. Kapitel).

- Über den Umgang mit Frauenzimmern (Zweiter Teil, 5. Kapitel).

- Über das Verhältnis zwischen Wohltätern und denen, welche Wohltaten empfangen, wie auch unter Lehrern und Schülern, Gläubigern und Schuldnern (Zweiter Teil, 10. Kapitel).

- Über den Umgang mit den Großen der Erde, mit Fürsten, Vornehmen und Reichen (Dritter Teil, 1. Kapitel).

Obwohl es heute klar ist, dass Knigge anderes verfolgte, als heutzutage unter seinem Namen verstanden wird, soll ‚Knigge' als Synonym für den Bereich stehen, dem sich das vorliegende Buch widmet. Wie könnte in der Gesellschaft ein vernünftiger Umgang untereinander und das soziale Miteinander ohne verbale und nonverbale Kommunikation funktionieren?

So sei Knigge mit seinen Überlegungen zum besseren Zusammenleben gewürdigt.

271

12 Ratgeber in der kleinen Knigge-Reihe

Der kleine ... -Knigge [2100]

Anstands- und Banausen-...
Business- und Kunden-...
Büro- und Kollegen-...
Gäste- und Gastgeber-...
Gesellschafts- und Freunde-...
Outfit- und Stil-...
Interkulturelle- und Auslands-...
Bewerbungs- und Vorstellungs-...
Event- und Feste-...
Gastro- und Tischsitten-...
Speisen- und Exoten-...
Trinkkultur- und Getränke-...
< Je 88 Seiten

Kulinarischer & Gastro-
nomischer Knigge [2100]

316 Seiten A5 >

Das kleine Handbuch der Rhetorik [2100]

Erfolgreich reden „Die Kunst, flott vorzu-
tragen"
Körpersprache einsetzen „Mit Händen
und Füßen sprechen"
Gezielt trainieren „Ich will endlich erfolg-
reich präsentieren!"
Nervosität austricksen „Mir zittern die
Knie"
Begeistert überzeugen „Das rhetorische
Feuer entfachen"
Unterschwellig manipulieren „Ich
kriege dich schon!"
Wahrnehmung verzerren „Ich glaub'
nur, was ich sehe."
Einwände entkräften „Das ist doch gar
nicht machbar! – Oder doch?"
Gespräche führen „Zielorientierte und
zeitsparende Gesprächslenkung"
Meetings leiten „Besprechungen erfolgreich führen"
Geschicktes Nudging „Das versteckte Anschubsen"
Interviews führen „Darf ich Sie mal fragen?" Je 100 Seiten

Das Märchen der ...

professionellen Argumentation
harmlosen Fragen
sauberen Wahrheit
vertrauenswürdigen Fairness

... in der Rhetorik [2100]
Je 100 Seiten

272

4 Ratgeber in der Ego-Management-Reihe

Persönlichkeits-Management – Ego-Knigge 2100 Soft Skills, Selbst-Reflexion und Selbst-Bewusstsein

Stress-Management – Ego-Knigge 2100 Lampenfieber, Stressoren, Gerüchte, Mobbing, Burnout, Stressvermeidung

Zeit-Management – Ego-Knigge 2100 Umgang mit der Zeit, Organisation von Arbeitsabläufen, Perfektionismus, Zielsetzung

Gedächtnis-Management – Ego-Knigge 2100 Gehirn, Intelligenz, Schwachsinn – Hochbegabung, Gedächtnis, Lerntechniken.

Jeder Ratgeber 104 Seiten, A5, kartoniert

4 Ratgeber der Reihe Lebenseinstellung

Aberglauben-Knigge 2100 Von schwarzen Katzen, der linken Hand des Teufels und den Glücksbringern

Lügen- und Egoismus-Knigge 2100 Überleben durch Flunkern, Schummeln und Täuschen! Macht, Respekt, Wertschätzung? Lebenslüge und Lebensschutz

Glücks-Knigge 2100 Vom Glücklichsein, positiven Denken und von Freundschaften

Angst- und Optimismus-Knigge 2100 Die Furcht beherrschen, Ängste nutzen und positiv durchs Leben gehen.

Jeder Ratgeber 216 Seiten, A5, kartoniert

273

3 Ratgeber Bräutigam, Braut und Brautpaar

Bräutigam-Knigge 2100 Verlobung und Polterabend, Schwiegereltern und das Ja-Wort, Hochzeits-Outfit und Hochzeits-Kutsche

Braut-Knigge 2100 Brautkleid und Accessoires, Das große Hochzeitsfest, Höhepunkte und Hochzeitstanz

Brautpaar-Knigge 2100 Historisches und Sonderbares, Planung und Organisation, Aberglaube und Hochzeitsbräuche.

Jeder Ratgeber 104 Seiten, A5, kartoniert

3 Ratgeber Selbst-Coaching

Selbstbewusstsein Knigge 2100 Ich bin, ich kann, ich will. Das eigene Leben bestimmen, Soft Skills, The Winner 1.

Selbstwertgefühl Knigge 2100 Steh auf! Werde aktiv! Zeige Profil! Das eigene Leben beeinflussen, Motivation, The Winner 2.

Selbstoptimierung Knigge 2100 Optimistischer, attraktiver, authentischer. Das eigene Leben gestalten, Ansprüche, The Winner 3. Jeder Ratgeber 120 Seiten, A5, kartoniert

Leben und Lifestyle

Adam allein auf der Welt Knigge [2100] Ein Buch mit Bildern vom ersten Menschen, seinen Gedanken und seiner Körpersprache, 104 Seiten, A5, ca. 155 Fotos

Jugend-Knigge [2100] Knigge für junge Leute und Berufseinsteiger, 152 Seiten

Alters-Knigge [2100] Abgehängt und abgeschoben? Altersdiskriminierung? Akzeptanz des Älterwerdens!, 152 Seiten

Zukunfts-Knigge [2100] Umgangsformen in 100 Jahren. Zusammenleben mit Menschen, Maschinen und menschenähnlichen Robotern, 172 Seiten A5 kartoniert

KI-Knigge [2100] Leben mit der Künstlichen Intelligenz, 196 Seiten A5 kartoniert

Wertschätzung-Knigge [2100] Gleichberechtigung, Gender und Respekt, Sexuelle Orientierung, Umgang bei Diskriminierung und Mobbing, 152 Seiten A5

Hochzeits-Knigge [2100] Hochzeitsbräuche, Geschenke, Brautjungfer, Trauung, Festgäste und Festmahl, 310 Seiten A5

Ü65- und Senioren-Knigge [2100] Die junge Alten und die alten Jungen, Kommunikation und Verständnis zwischen den Generationen, 180 Seiten A5

Blumen-Knigge [2100] Historisches, Mystisches, Festliches, Blumensprache, Umgang mit Blumen-Präsenten, 144 Seiten A5

Bekleidung! Ausdruck der Persönlichkeit – Lukas' Outfit-Knigge [2100]

Nudel-Knigge [2100] Himmlische Teigwaren, 140 Seiten A5

Der Interkulturelle Kompetenz-Knigge [2100] Kultur, Kompetenz, Eindrücke – Gesten, Rituale, Zeitempfinden – Berichte, Tipps, Erlebnisse, 240 Seiten A5

China-Deutschland-Knigge [2100] Chinesen in Deutschland, 104 Seiten A5

Dschungel-Knigge [2100] Umgang in ungewohnter Umgebung, 192 Seiten A5

Von allen guten Geistern verlassen-Knigge [2100], 132 Seiten A5

Schweine Knigge [2100] Das Schwein in der zwischenmenschlichen Kommunikation, 278 Seiten A5

Herz Knigge [2100] Haltung, Herzlichkeit, Hilfestellung, 280 Seiten A5

Der Dicke-Knigge [2100] Aus dem prallen Leben des Dicken, 104 Seiten A5

Typisch Frau – Typisch Mann Knigge [2100] Unterschiede und Gemeinsamkeiten im Umgang mit dem anderen Geschlecht, 128 Seiten A5

Klo- und Pinkel-Knigge [2100] Vom privaten & öffentlichen Bedürfnis, 104 Seiten

Omi hüpf' mal Märchen meiner Großmutter, Erlebnisse ihre Jugend und wahre Geschichten meines Vaters von und über Omi Rickchen, Hardcover, 312 Seiten

Der Hunde-Knigge [2100] Umgang mit dem Hund – Hundesprache – Der Hund in der Gesellschaft, 180 Seiten A5

Welcome to Germany-Knigge [2100] Umgangsformen, Verhaltensmuster und gesellschaftliches Miteinander im deutschsprachigen Europa, 108 Seiten A5

Besuch willkommen Knigge [2100] Einladung, Gast, Geschenk, Empfang, Feier, Gastfreundschaft, 200 Seiten A5

Alles hat seine Zeit – Knigge [2100] Umgang mit der Zeit, 294 Seiten A5

Leben, Tod und Ansichten Austausch mit Berühmtheiten, 116 Seiten A5

Last List Leid [2100] Verlogene Welt?, 160 Seiten A5

Mensch Macht Mörder [2100] Verfall der Umgangsformen?, 260 Seiten A5

Tod, Trauer, Totenkult-Knigge [2100] Sterben, Trost, Takt, Bestatten, Tradition, Vorsorge, Tabus, Vergänglichkeit und Sonderbares, 212 Seiten A5

Corona-Knigge [2100] Umgang mit dem Virus, 88 Seiten 12x19, kartoniert

Das kleine Knigge-Quiz [2100] 96 Seiten, 12x19 cm, kartoniert

Leben und Lifestyle

275

Rhetorik, Soft Skills, Hochschule, Beruf

Rhetorik ist Silber Von den ersten Schritten zu einer perfekten Präsentation, 336 Seiten A5, kartoniert, Zeichnungen

Moderation ist Gold Gesprächsführung, Umfragen, Talkrunden, 274 Seiten A5

Lebhafte Körpersprache in Vorträgen, Präsentationen, Gesprächen, 218 Seiten A5, kartoniert, ca. 290 Zeichnungen

Rhetoric – Mastering the Art of Persuasion, 222 Seiten A5, kartoniert

Discussion – Mastering the Skills of Moderation, 192 Seiten A5, kartoniert

Body Language in Europe, 196 Seiten A5, kartoniert, ca. 290 Zeichnungen

Das große Buch der Kommunikation und der Gesprächsführung [2100], 460 Seiten

Das große Buch der Rhetorik [2100] Tacheles reden; Präsentieren; manipulieren und überzeugen, 452 Seiten A5, kartoniert, viele Darstellungen

Trickreiche Rhetorik [2100] Psychologische Gesprächsführung, manipulierende Darstellung, unaufdringliches Nudging, 448 Seiten A5, kartoniert, Zeichnungen

Körpersprache [2100] **– Lüge, Verrat, Macht**, Im Beruf, vor Gericht, beim Flirt – Gewinnerpose und Demutshaltung; 440 Seiten A5, kartoniert, über 400 Zeichnungen

Soft Skills-Knigge [2100] Soziale, Persönlichkeit, Selbstmanagement, 480 Seiten A5, kartoniert, viele Darstellungen

Schlagfertigkeit-, Spontaneität-, Stegreif-Knigge [2100] Impulsiv handeln, verbale Angriffe kontern, Störungen entwaffnen, 104 Seiten A5

Pitch Skills und Überzeugungs-Knigge [2100] Elevator Pitch, Geldgeber beeindrucken, Feuer versprühen, 128 Seiten A5, kartoniert

Smalltalk-Knigge [2100] Vom kleinen Gespräch bis zum charmanten Flirt – Kontakt ausbauen, Sympathie zeigen, Begehrlichkeit wecken, 100 Seiten A5

Quassel-Knigge [2100] Quasseln, Quatschen, Quengeln oder Lebenswichtige Kommunikation – Gezielt eingesetzte Rhetorik – Aussagekräftiges Profil zeigen, 112 Seiten A5

Die moderne Führungskraft [2100] **Online und Präsenz,** Handbuch für souveräne Vorgesetzte und solche, die es werden wollen, 252 Seiten A5, kartoniert, Zeichnungen

Emotionale Rhetorik im Leben und rund um den Tod [2100] Vielfältige Kommunikation – Fiktiver Interview-Austausch mit Berühmtheiten, 260 Seiten A5

Innere Rhetorik [2100] Zielführende Kommunikation mit sich selbst, 140 Seiten A5

Kriegerische Rhetorik [2100] Verbale Kampfansage, was Wortwahl verrät, 148 Seiten A5

Blumige Rhetorik [2100] Sensible Diplomatie, einfühlsame Empathie, 156 Seiten A5

Haarsträubende Rhetorik [2100] Populistisches, Unsinniges, Sprachklischees, 360 Seiten

Hochschul-Knigge [2100] Studentischer Umgang, 132 Seiten A5, kartoniert, Fotos

Jugend-Karriere-Knigge [2100] 224 Seiten A5, kartoniert, Zeichnungen, Checklisten

Bewerbungs-Knigge [2100] **für Frauen – Tina bewirbt sich / Bewerbungs-Knigge** [2100] **für Männer – Tom bewirbt sich**, Vorbereitung, Wahl der Kleidung, Verhalten beim Bewerbungsgespräch, je 128 Seiten A5, kartoniert, Fotos, Checklisten

Online-Bewerbungsgespräche-Knigge [2100] **Vorstellungsgespräche auf Distanz – Tina und Tom bewerben sich digital**, 128 Seiten A5, kartoniert, Zeichnungen

Kreativitäts-Knigge [2100] Visionärhaft denken, Scheuklappen sprengen, Mentales Risiko eingehen, 164 Seiten A5, kartoniert

Team und Typ-Knigge [2100], Ich und Wir, Typen und Charaktere, Team-Entwicklung, 128 Seiten A5, kartoniert, viele Darstellungen

Die flotte Generation Y im 21. Jahrhundert, selbstbewusst – lebensbetonend – flexibel, 116 Seiten A5, kartoniert, Zeichnungen

Die flotte Generation Z im 21. Jahrhundert, entscheidungsfreudig – effizient – eigenverantwortlich, 140 Seiten A5, kartoniert, Zeichnungen

Tele-Meeting [2100], Digitale Konferenz, Online-Unterricht, Homeoffice, 104 Seiten A5

Rhetorik, Soft Skills, Hochschule, Beruf

Englisch:

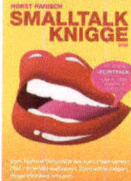

277

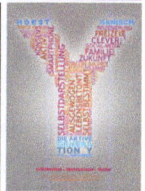

Beratung, Coaching, Seminar

Wer hat nicht gerne mit Menschen zu tun, die selbstbewusst und selbstsicher mit anderen Menschen umgehen?

Geschäftspartnern, die die elementaren Regeln des ‚Benimms' beherrschen, stehen die Türen zum Erfolg offen.

Unternehmen, die neben ihrer fachlichen Leistung auch ‚menschlich' überzeugen wollen, bieten wir für ihre Mitarbeiterinnen und Mitarbeiter aktives Training im Umgang mit Kunden, Gästen, Kollegen und Gesprächspartnern an.

Auf unserer Website informieren wir Sie über unsere Angebote:

- Firmen-Internes-Training
- → Business-Etikette und das Lehr-menü
- → Präsentieren, Moderieren, Kommunizieren
- → Körpersprache und ihre Geheimnisse
- → Teuflische Rhetorik und das Erkennen manipulativer Aspekte
- → Flottes Reden vor und zu anderen
- → Der erste entscheidende Eindruck
- Interkulturelles Training
- → Umgang mit Menschen anderer Kulturen

- Intensiv-Training für
- → TV-Auftritte
- → Vorträge
- → Präsentationen
- → Reden
- Fachliteratur und journalistische Beiträge
- Vorträge/Speaker
- → Vor kleinem und vor großem Publikum
- Workshops
- → Soft Skills
- → Team-Training

Individuelles Coaching für Einzelpersonen: Wer es ganz individuell mag, greift zurück auf ein Einzel-Coaching, auch als Online-Coaching. Hier werden ganz persönliche Herausforderungen angegangen, mit Themen wie:

- → Erscheinungsbild – Der Erste Eindruck
- → Selbstsicheres und authentisches Auftreten
- → Persönlichkeitsentfaltung
- → Bewerbungstraining
- → Rhetorik und Überzeugungskraft

- → Erfolgreiche Verhandlungsführung
- → Kommunikation und Konfliktbewältigung
- → Präsentations-Techniken und Moderation
- → Interkulturelle Kompetenz

und andere Themen – direkt auf die besonderen Bedürfnisse des Einzelnen zugeschnitten. Besuchen Sie uns auf www.knigge-seminare.de